パックス・チャイナ
中華帝国の野望

近藤大介

講談社現代新書
2369

はじめに

「パックス・チャイナ」という言葉は、私の造語である。

英国の歴史家エドワード・ギボンが名著『ローマ帝国衰亡史』（1776年〜1788年刊）で、いわゆる五賢帝のローマ帝国最盛期を、「パックス・ロマーナ」（ローマ帝国のもとでの平和）と名づけた。以後、産業革命後の大英帝国のもとでの平和を「パックス・ブリタニカ」、第二次世界大戦後の超大国アメリカのもとでの平和を、「パックス・アメリカーナ」と呼んだ。

中国の習近平主席は、21世紀のアジアに、まさに「パックス・チャイナ」（中華帝国のもとでの平和）を創ろうとしているのである。

2012年11月に、中国を統治する共産党トップの中央委員会総書記に就任した習近平は、「中国の夢」を、10年続く自らの政権のキャッチフレーズに据えた。正確には、「中華民族の偉大なる復興という中国の夢を実現する」というものだ。

では、「中華民族の偉大なる復興」とは何を意味するのか？　それは一言で言えば、「1

１８４０年以前の状態」に、中国とアジアの「形」を戻すということだ。

　この年にアヘン戦争が起こり、英国に敗れた清帝国の没落が始まった。そして、半世紀あまり後の１８９４年に日清戦争が起こり、日本にも敗れた中国は、半植民地的状態に陥った。この「屈辱の１００年」は、１９４９年に毛沢東率いる中国共産党が、中華人民共和国を建国したことで終焉した。毛沢東主席の「正当な後継者」である自分は、その偉大なる「革命事業」を引き継いで、「中華民族の偉大なる復興」を果たすというのが、習近平主席の堅忍不抜《けんにんふばつ》の意志なのである。

　では、「１８４０年以前」とはどんな状態か？　習近平主席の脳裏にあるモデルは、古代の「冊封《さくほう》体制」である。中国という「中央・中心の宗主《そうしゅ》国」と、周辺の「属国」（朝貢国）からなる緩やかな主従関係だ。宗主国は属国を、軍事的及び経済的に保護する。その代わり、属国は宗主国の暦を使い、宗主国の皇帝に付き従う。それによって、アジアは伝統的に秩序が保たれてきたのだから、21世紀に入って元の状態に「回帰」させるというのが、習近平主席の主張なのだ。

　習近平外交は、基本的にこの考えに基づいて進められている。習近平主席が唱える「一帯一路」（シルクロード経済ベルトと21世紀海上シルクロード）計画も、北京で２０１６年1月に始動したＡＩＩＢ（アジアインフラ投資銀行）も、この戦略を推進するエンジンとなるものだ。南シナ海を埋め立てているのも、東シナ海に進出しているのも、そこに「海の万里の長城」を築いて、「パックス・チャイナ」の構築を目指しているのである。軍事的に言えば、カムチャッカ半島から千島列島、日本列島、台湾、フィリピン、大スンダ列島へ至る「第一列島線」を、中国の「内海」とすることだ。

だがそうなると中国は、１８４０年以降に東アジアで台頭した日本、及び同じくアジアの覇者となったアメリカと、自ずと「衝突」する。衝突を避けるには、日米が中国に「道を譲る」必要がある。だがアメリカは、２０１６年11月に選出される新大統領の政策にもよるが、軍はすでに中国封じ込めシフトを敷き始めている。

一方、日本も3月末に安全保障関連法を施行し、中国に対抗する姿勢を明確にしている。日本は日清・日露戦争以降、20世紀前半の東アジアの軍事的覇権を握り、20世紀後半には経済的覇権を取った。後者の「成功体験世代」はいまだ健在であり、中国にすんなりと「アジアの盟主」の座を明け渡すわけにはいかないのである。

こうした中、日中の「緊張を孕《はら》んだ関係」が続いていくことになる。２０１６年3月に内閣府が発表した日本人の意識調査によれば、日本人の83・2%が中国に親しみを持っておらず、85・7%が中国との関係を良好と思っていない。

だがそれでも、73・3%が「日中関係の発展は重要だ」と答えている。日本人にとって中国は、嫌いで仲も悪いが、大事な国ということになる。

そうであれば、習近平という新たな絶対権力者が率いる中華帝国が、アジアの姿をどう変えようとしているのか、われわれはもっと深く識《し》る必要がある。その軌跡を追ったのが本書である。アメリカ、日本、ロシア、EU、インド、韓国、北朝鮮、台湾……習近平政権が、海千山千の国や地域を相手に、どうやって国益伸張に挑んでいるかを審《つまび》らかにした。

私は1989年の天安門事件以降、これまで27年にわたって、一貫して中国をウォッチしてきた。習近平時代に入ってからも、すでに15回訪中し、「定点観測」を続けている。

本書は、拙著『「中国模式」の衝撃』(2012年)、『対中戦略』(2013年)、『日中「再」逆転』(2014年)、『中国経済「1100兆円破綻」の衝撃』(2015年)に続く、習近平時代の中国分析第5弾となる。

「彼を知り、己を知れば百戦殆《あやう》からず」(孫子)――中国の外交戦略のドラマを通して、日本の将来を考える一助になれば幸いである。

近藤大介

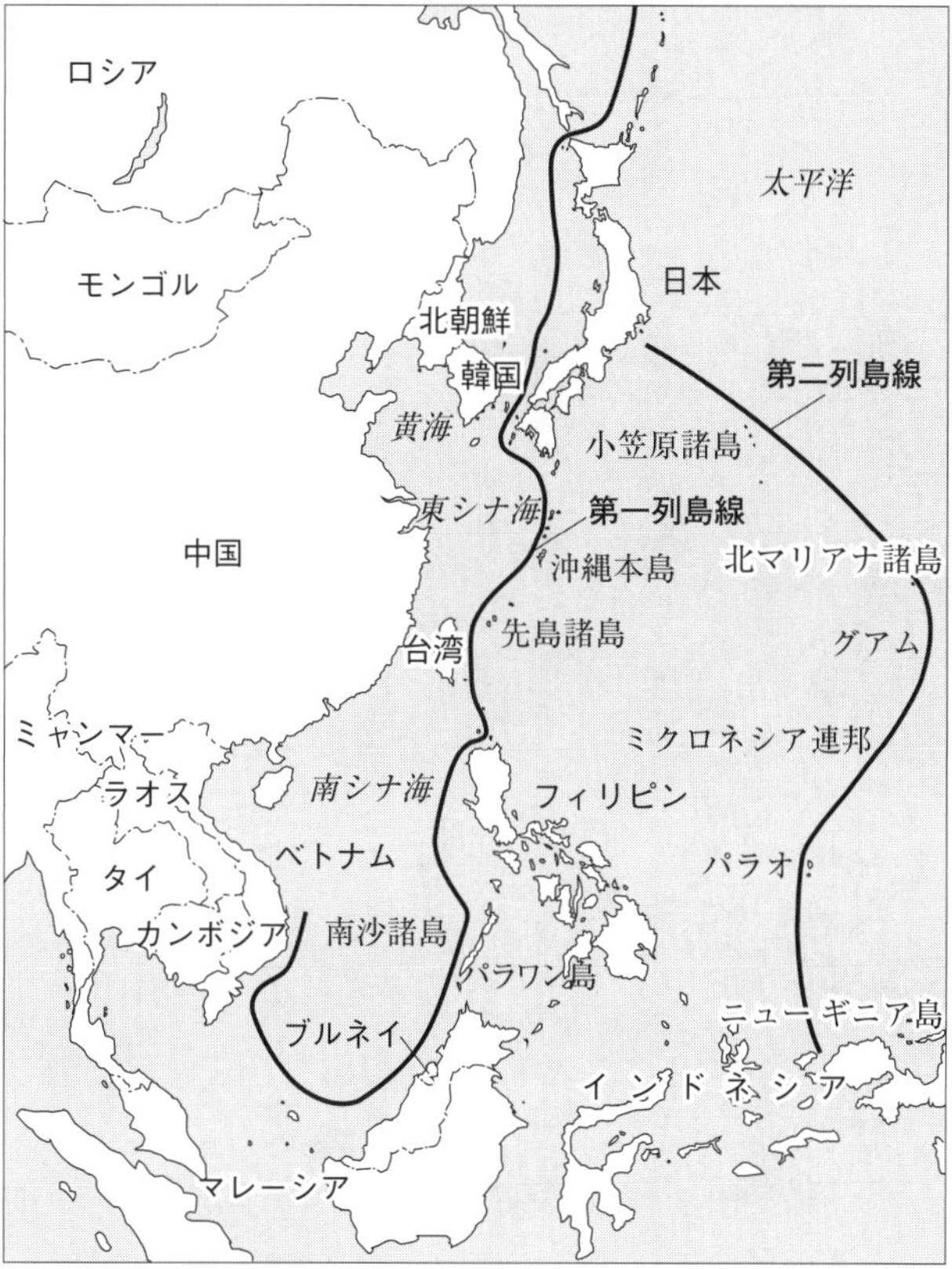

第一列島線・第二列島線

中華人民共和国（中国）の近海防衛戦略を示す重要な概念。1982年に、当時、最高指導者だった鄧小平の意向を受けて、中国人民解放軍海軍司令官・劉華清（1989年から1997年まで中国共産党中央軍事委員会副主席）が打ち出した「紀元2000年の人民解放軍海軍」を念頭に置いた戦略概念だった。

しかし、近年は中国の太平洋覇権国家となるための海軍力増強計画の理論的支柱となりつつある。

第一列島線は、カムチャッカ半島から千島列島、日本列島、台湾、フィリピン、大スンダ列島につながる線を指し、第二列島線は、伊豆諸島を起点に、小笠原諸島、グアム・サイパン、パプアニューギニアに至る線を指す。近年、太平洋覇権国家を目指す中国は、日本を含む周辺国の実効支配下にある第一列島線を突破して第二列島線まで、海軍を展開しつつある

目　次

序章

東方の二人の敵
（2012年～2013年）

安倍晋三首相と金正恩第一書記（共同）

新皇帝・習近平の〝即位〟

「習近平外交」は、「目の上のたんこぶ」である日本にどう対抗していくかということから始動した。

2012年9月11日に野田佳彦政権が尖閣諸島を国有化したことから、中国が一斉反発し、中国各地で反日デモが吹き荒れた。暴徒と化した中国人が日系のデパートや工場などを破壊し、抗議デモや狼藉《ろうぜき》は、全国約110ヵ所に及んだ。

9月27日には、北京の人民大会堂で、胡錦濤《こきんとう》主席も列席して盛大な国交正常化40周年記念式典が予定されていたが、中国国内の異様な「殺気」を受けて、立ち消えになった。日中関係はまさに、国交正常化40年で、最悪の時を迎えた。

その「怒気」がまだ冷めやらない同年11月15日、第18回中国共産党大会において、習近平が、胡錦濤の後継者として、新たに中国共産党中央委員会総書記、および党中央軍事委員会主席に選出された。翌年3月に国家主席に選出されて、「2期10年」の習近平時代が完全始動する。

私はこの10年に一度の中国共産党の「政権交代」を取材するため、北京へ来ていた。同日午前11時53分、予定より53分も遅れて、人民大会堂の東大庁に、記者団が待ち受けるお目当ての男が姿を見せた。習近平新総書記である。

習近平（①）を中心とする共産党新指導部。以下序列順に李克強（②）、張徳江（③）、兪正声（④）、劉雲山（⑤）、王岐山（⑥）、張高麗（⑦）（共同）

新総書記は、李克強《りこくきょう》、張徳江《ちょうとくこう》、兪《ゆ》正声《せいせい》、劉雲山《りゅううんざん》、王岐山《おうきざん》、張高麗《ちょうこうれい》という「トップ7」（党中央政治局常務委員）を引き連れていた。そして中央の演壇に立ち、記者団に軽く右手を挙げると、標準中国語の野太い声で、13億7349万の中国の民を指導する8779万共産党員のトップとして、「就任演説」を述べた。

「わが民族は、偉大なる民族だ。5000年以上にわたる文明の発展の中で、中華民族は人類の文明の進歩に不滅の貢献をしてきた。それが近代以降、艱難辛苦《かんなんしんく》を経験し、最も危険な時期を迎えた。だが中国共産党の成立後、頑強に奮闘し、貧困の立ち遅れた旧中国を、繁栄と富強の新中国へと変えた。中華民族の偉大なる復興の光明は、かつてないほどすぐ近くの前景にある。中華民族を世界民族の林の中で、さらに強く自立させるのだ！」

　まるで「建国の父」毛沢東が、墓場から這《は》い出してきたような演説だった。毛沢東は国内統一の偉業を成し遂げ、それを引き継いだ自分は中国を世界の強国にしていくと宣言したのである。その間の鄧小平、江沢民、胡錦濤という3世代の指導者は抜け落ちていた。

　それから2週間後の11月29日、習近平新総書記は、再び「トップ7」を全員帯同し、天安門広場東手の中国国家博物館を訪問。そこには習近平の「鶴の一声」で、約１２００点もの「中国共産党の偉大なる品々」が並べてあった。この「復興の道」特別展の前で、習近平新総書記は2度目の演説をぶった。

「中華民族の偉大なる復興こそが、近代以降の中華民族の最も偉大な夢だ。この夢には、過去何代もの中国人の想いが込められている。私は自信を持って述べるが、中国共産党１００周年のとき（２０２１年）までに、全面的な『小康社会』（ほどほどに豊かな社会）を実現する。そして新中国建国１００周年のとき（２０４９年）までに、富強・民主・文明・和諧（調和のとれた）の社会主義現代化の国家を、必ず作ってみせる！」

　この2度にわたる「重要講話」は、その後の「習近平外交」の土台となった。

２０４９年までに世界一の覇権国家に

　どの国においても、外交は内政の延長である。だが「習近平の中国」ほど、このことが顕著な国も珍しい。

このとき、習近平総書記が脳裏に思い描いていたのは、古代の秦《しん》の始皇帝（紀元前259年〜前210年）のような絶対君主になることだった。そしてその延長として、古代アジアの秩序体制である「冊封体制《さくほう》」を、21世紀の今日に復活させるという青写真を描いた。

冊封体制とは、宗主国と朝貢国（属国）からなる「緩やかな主従関係」のことだ。宗主国とは中央にある中心の国、すなわち中国で、朝貢国とは中国周辺の小国群である。

冊封体制において、朝貢国は宗主国に対して、春節（旧正月）に外交使節団を中国の皇帝のもとへ送る義務を負っていた。

春節の日に皇帝は、宮殿の前庭に出て、各国から参賀に訪れた外交使節団を、同時に謁見する。皇帝が姿を現すと、各国の外交使節団はいっせいに「三跪九叩頭《さんききゅうこうとう》の礼」で迎える。これは1回ひざまずいて3回地面に頭を擦り付けるという動作を、計3度繰り返すもので、各国が中国の「属国」であることを示す儀式だった。

その代わり各国の使節団は、自国から持参した以上の大量の贈答品を、中国から受け取って帰国する。いわゆる「厚往薄来《こうおうはくらい》」（来るときは薄くて帰るときは厚い）の風習である。

朝貢国はまた、「皇帝」を名乗ってはならず、皇帝の臣下である「王」となる。そのため「○○帝△年」という中国の暦を用いなければならない。ほかには、朝貢国の王が替わる際に、形式的な事前許可が必要だった。それ以外は、中国は周辺国に対して内政不干渉を貫いた。暴君が圧政を敷こうが、愚王が国を傾かせようが、干渉してくることはない。

朝貢国のメリットとしては、自国で反乱や暴動などが起こった際に、中国が援軍を出してくれることだ。また水害や旱魃《かんばつ》、疫病などで困ったときには経済援助してくれた。

つまり冊封体制とは、中国が兄貴分、周辺諸国が弟分のような、緩やかな主従関係なのである。もしも朝貢国が中国に逆らった場合には、中華帝国の強軍が国境を押し破って攻め入ってくるため、多くの周辺国が中国に服従した。この東アジア伝統の冊封体制は、中国が１８４０年に起こったアヘン戦争で、イギリス軍に敗北を喫し、揺らぎ始めるまで続いた。

こうしたアジアの歴史を踏まえて、習近平総書記が2回の「重要講話」に込めたエッセンスは、いわゆる「時計の逆回し論」で言い表せた。

すなわち、古代から19世紀前半に至るまで、中国は一貫して世界最大の富強国家で、周辺の属国群を従えていた。それが１８４０年のアヘン戦争でイギリスに敗れて、世界ナンバー１の座から陥落した。続いて１８９４年の日清戦争で日本に敗れたことで、アジアナンバー１の座からも陥落した。その後は奈落の底に落ちていき、半植民地状態という悪夢の20世紀前半を迎えた。いわゆる「屈辱の１００年」（１８４０年～１９４９年）である。

そこへ毛沢東という偉人が現れて、共産党を指導して抗日戦争を勝利に導いた（実際に抗日戦争を戦ったのは主に国民党軍）。そして１９４９年に、中華人民共和国を建国したことで、中華民族の偉大なる復興が始まったというわけだ。

そこで「建国の父」毛沢東の後継者である習近平は、第1段階として、時計の針を1894年まで戻す。つまり、2021年の中国共産党100周年までに、日本を押しのけてアジアでナンバー1の大国としての地位を取り戻す。

続いて第2段階として、時計の針を1840年まで戻す。つまり、2049年の建国100周年までに、アメリカを超えて世界ナンバー1の大国として君臨する。この「二つの100年」の達成を、習近平外交の目標に据えたのである。

習近平の軍師「呉勝利」

翌12月に入ると、習近平新総書記はさっそく、初の視察に出て、行動を起こした。12月8日から10日に南部の広東省に赴き、広州戦区を視察したのだった。

視察の初日、習近平は海軍の南海艦隊の艦艇「海口」に乗船し、訓示を垂れた。

「中華民族の偉大なる復興という中国の夢は、強国の夢であり、強軍の夢なのだ。中国の夢の実現には、富国強軍、強大な軍隊が必須だ。だから軍人は強軍の魂を胸に刻み、党の絶対的な指導のもと、戦争ができ、かつ戦争に勝てる軍隊となるのだ！」

中国人民解放軍の伝統は、圧倒的に陸軍である。1949年の建国時は、ほとんど陸軍しかなかった。習近平が党中央軍事委主席に就任したこの時点でも、陸軍150万人、海軍24万人、空軍42万人と、陸軍中心の軍隊に変わりはなかった。それを習近平新軍事委主席が真っ先に海軍を視察したのは、海軍（および空軍）重視の決意表明にほかならなかった。

このとき、海軍で習近平を案内したのは、海軍トップの呉勝利《ごしょうり》海軍司令員（上将）だった。それまでは、習近平が呉勝利に対して敬語を使っていたが、この日から逆になった。習近平にとって呉勝利は、長年にわたる「軍師」だったからだ。

習近平は1985年に、厦門《アモイ》市の党委常務委員になってから、2002年に省長として離任するまで、計17年間にわたって福建省に勤務した。年齢でいえば、32歳から49歳までだ。その間、1988年に福建省寧徳軍分区党委第一書記になって以降、2002年に南京軍区国防動員委副主任として離任するまで、一貫して軍職を兼務していた。中国の現役の政治指導者で、ここまで軍職にこだわってきたのは、習近平ただ一人だ。

習近平はそもそも、1979年に清華大学化学工業学部基本有機合成専攻を卒業した後、26歳で耿飈《こうひょう》国防部長（国防相）の秘書になったところから、キャリアをスタートさせている。「人民解放軍こそが党と国家の支えであり、生涯を軍とともに歩め」——これが、父親の習仲勲《しゅうちゅうくん》元副首相

呉勝利海軍司令員

が息子に課した「帝王学」だった。

そんな習近平は福建省時代に、「軍事問題の師匠」に巡り会った。それが、８歳年上の呉勝利だった。呉勝利は、１９８０年代後半から90年代後半にかけて、海軍福建基地の参謀長（基地ナンバー2）や司令員（基地トップ）を歴任した。

呉勝利の父・呉憲《ごけん》は、抗日運動の活動家から共産党軍の幹部になり、解放後に杭州市長などを歴任した。同じ共産党軍幹部出身の習仲勲とは「同志」だった。

ゴリゴリの抗日戦士だった呉憲は、日本軍に勝利した１９４５年8月に生まれた息子に、「勝利」と名付けた。父親から反日教育を受けて育った呉勝利は、19歳で海軍に入隊。その後、長く勤務した海軍福建基地時代の「愛弟子」が習近平というわけだ。

呉勝利には、一つの「持論」があった。それは「第一列島線」の中国大陸側を、中国海軍がみずからの内海としなければ、「中国の時代」は永遠に到来しないということだった。

「第一列島線」とは、カムチャッカ半島から千島列島、日本列島、台湾、フィリピン、大スンダ列島をつなぐ線である。中国にとっての19世紀の2度の屈辱的戦争——アヘン戦争と日清戦争は、いずれもこのラインを突破されたことから起こった。そして第二次世界大戦後、長らく「第一列島線」を支配しているのがアメリカだった。

「中国海軍の父」と呼ばれる劉華清《りゅうかせい》元党中央常務委員（１９１６年〜２０１１年）が「海軍第一世代」の代表格なら、呉勝利は「第二世代」の代表格だった。「海軍第二世代」の特徴

第一列島線と第二列島線（再掲）

は、第一世代がソ連の海軍を手本としたのに対し、主にアメリカ海軍を手本にしたことだった。中でも呉勝利たちが「教科書」にしたのは、アメリカの海軍史家アルフレッド・マハン（１８４０年〜１９１４年）の「海洋戦略理論」だった。マハンによれば、海洋覇権国になるには、通商を活発化させるためのシーレーンを確保し、それを維持するために、強力な海軍によって制海権を確保しなければならない。

　このマハンの理論に基づいて、アメリカは１８９０年代に海軍の大幅増強を図り、まずはカリブ海を自国の内海にした。そこから「世界の警察官」といわれる今日の栄光を築いたのである。だから自分たちも、海軍の増強に努め、南シナ海と東シナ海に「海の万里の長城」を築いて「第一列島線」を確保する——このことを「海軍第二世代」は、目標に掲げたのだった。

呉勝利は2004年に副総参謀長になり、2006年8月には海軍トップの海軍司令員に就任。翌年からは軍最高位の上将と、党軍事委員会委員も兼任するようになった。

呉勝利の名を一躍、世界の軍事関係者の間に知らしめた発言がある。2007年5月に訪中したキーティング米太平洋軍司令官に対して、次のように述べたのだ。

「中国とアメリカで、ハワイを境に太平洋を2分割しようではないか。アメリカは、太平洋の東側半分と、大西洋を取る。それに対して中国は、太平洋の西側半分と、インド洋を取る。そうすれば、わざわざアメリカの艦隊が、遠く西太平洋の東アジアまで出向いてくる必要はなくなる。もし東アジアに用があるときには、われわれに言ってくれればよい」

キーティング大将はジョークかと思いつつも、唖然としたという。だが呉司令員は大まじめで発言したのだ。この構想は、6年後の2013年6月に、訪米した習近平主席がオバマ大統領に述べて、再びアメリカ側を当惑させることになる。そのことは後述する。

攻めるのは尖閣、それとも南沙？

前述のように、習近平は晴れて、共産党中央総書記兼党中央軍事委員会主席に就任するや、12月8日、真っ先に「軍師」のもとへすっ飛んでいった。このとき習近平は、かつて福建省時代に軍師から授かった「教え」を実践するのだという意欲に満ち溢《あふ》れていた。

「攻める」のは東シナ海が先か、南シナ海が先か――習近平と呉勝利は議論した。

長年軍職を兼任してきた習近平の目には、230万の人民解放軍が、江沢民時代（1989年～2002年）と胡錦濤時代（2003年～2012年）に、堕落した腐敗集団と化してしまったように思えてならなかった。実際、江沢民側近の徐才厚《じょさいこう》上将と郭伯雄《かくはくゆう》上将の両中央軍事委員会副主席を頂点として、腐敗のシステムが下々まで構築されていた。当時私が聞いた話では、最上位の軍管区司令員になるには2000万元（約3億5000万円）の「上納金」が必要で、下士官クラスでも数千元単位だという。

中国制服組トップだった徐才厚（共同）

その後、習近平主席の厳命により、2014年3月15日晩、人民解放軍軍事検察院の捜査員が、北京市阜成《ふせい》路にある徐才厚宅を強制捜査し

同じく制服組トップだった郭伯雄
(共同)

た。２０００m²もある地下室には、人民元、アメリカドル、ユーロなどが積み上げてあり、計１t以上もあったという。他にも１００kg、２００kg以上の和田玉や、唐宋元明代の書画や骨董品などがザクザクと見つかった。徐才厚は同年6月30日、軍籍と共産党の党籍を剥奪され、連日の厳しい取り調べの中、翌年3月15日に、がんで死去した。

もう一人の郭伯雄に関しては、２０１５年3月2日に、まずは長男の郭正鋼《かくせいこう》浙江省軍区副政治委員を拘束。4月9日には郭伯雄本人も拘束して、7月30日に軍籍と党籍を剥奪され、身柄を最高人民検察院に移された。押収されたのは人民元が10t以上、ドルが1億ドル近く、金塊が１０５t、骨董品が総額10億人民元近く、預金通帳が約３０００冊で預金額は計１８００億人民元近く、別荘が9軒で６０００万人民元近くだったという。金塊と預金通帳分だけで、邦貨にして4兆１０００億円。これは、同年6月12日に無期懲役刑を受けた江沢民元主席の側近、周永康《しゅうえいこう》元常務委員の1兆９０００億円を上回る額だった。

２０１２年末時点では、この両巨頭は健在だった。そこで習近平としては一刻も早く、この腐敗のシステムをブチ壊して、「習近平の軍隊」に変えたかった。そのためには、1979年の中越戦争以降、本格的な戦争をしていない人民解放軍に活を入れ、「戦闘集団」に立ち返らせる必要があった。こうしたことから習近平は、東シナ海か南シナ海で「太平の眠りを覚ます出撃」を試みたいという衝動に駆られていたのだった。

当時は中国国内で反日の気運が高揚していたので、東シナ海を優先したほうが新体制の求心力は高まるに決まっていた。局地戦とはいえ、東シナ海で「対日戦争」に勝利すれば、東アジアの覇権を、日本から一気呵成《いっきかせい》に奪うことにも直結する。

だが仮に、人民解放軍による「尖閣奪取計画」を実行に移したとして、自衛隊の背後に控えるアメリカ第7艦隊が出動したらどうなるか。これは「悪夢のシナリオ」だった。習と呉は、1996年の台湾海峡危機の際に、中国海軍が米空母「ニミッツ」と「インデペンデンス」に一蹴された「現場」を、福建省で目の当たりにしていたからだ。もう30年以上も本格的な戦争を経験していない中国にとって、世界最強で百戦錬磨のアメリカ軍との直接対決だけは避けたかった。そしてもしも「1996年の再現」になれば、中国国内および軍における習近平の求心力が大幅ダウンするのは自明の理だった。

東シナ海に較べて、南シナ海にはアメリカの同盟国がなかった。アメリカ軍はフィリピンのクラーク基地とスービック基地から、フィリピン国内の反米運動に押される形で、それぞれ1991年と1992年に撤退していた。前世紀に熾烈なベトナム戦争を戦ったべトナムは、当然ながらアメリカの軍事同盟国にはなり得ない。加えて東南アジアには、人民解放軍と互角に戦える日本の自衛隊クラスの軍隊を有する国もなかった。

東シナ海より南シナ海の「占領」を優先する——ここから、2015年以降顕著になった南シナ海の岩礁の埋め立て計画が始まったのだった。もとより、2012年12月に習近平が、浙江省に拠点を置く東方艦隊ではなく、広東省に拠点を置く南方艦隊を視察したことからも、南シナ海の「占領」を優先させようという意思は明らかだった。

この時の合い言葉は、「ヒラリー前に済ませろ」だったという。2009年にノーベル平和賞を受賞したバラク・オバマ大統領は、核放棄と不戦を宣言していた。アメリカがそのような「弱腰」を貫いていてくれるのは、対中強硬派のヒラリー・クリントン前国務長官が大統領選で勝利する可能性がある2016年11月までと見ていたのである。

そのため習近平新総書記は、南シナ海の「海の万里の長城」計画を、急ピッチで進めることに決めたのだった。

「海の万里の長城」——これはかつて毛沢東主席が夢想した言葉で、「第一列島線」を確保するという「中国の夢」だった。

具体的な目標は第1に、岩礁の埋め立てによる軍事用滑走路の建設で、第2に、南シナ海一帯を監視できるレーダー・システムの構築。そして第3にミサイル配備だった。だが表面上はあくまでも、民用インフラの整備ということにカムフラージュした。

迫り来る日中海戦

習近平新総書記としては同時に、日本に対しても拳を振り上げておきたかった。中国語で、「新たな長官が着任すると3つの火を灯す」という言葉があるが、胡錦濤「親日政権」とは時代が変わったのだということを、14億の中国人民に分からせたかったのだ。

そこでまずは、12月13日の南京大虐殺75周年にターゲットを絞った。江蘇省の省都・南京市にある「大虐殺記念館」で、胡錦濤時代よりも大々的にセレモニーを挙行させた。同時に、この式典の時間に合わせて、中国国家海洋局の航空機を飛ばし、尖閣諸島の領空を侵犯させたのだった。

中国機による初の尖閣領空侵犯は、日本にとって青天の霹靂《へきれき》だった。航空自衛隊はただちにF－15戦闘機を発進させ、スクランブルをかけた。領海侵犯に続いて領空侵犯まで始めたことで、日本の尖閣諸島防衛は新たな段階を迎えた。

だが中国の「挑発行為」は、これに終わらなかった。2013年が明けて1月19日、中国海軍の「ジャンカイI級」フリゲート艦が、数km離れた海上自衛隊の護衛艦「おおなみ」に搭載したヘリコプターに向けて、射撃管制用のレーダーを照射。30日にも、中国海軍の「ジャンウェイII級」フリゲート艦が、約3km離れた海上自衛隊の護衛艦「ゆうだち」に対して、射撃管制用のレーダーを照射した。

レーダー照射は、攻撃する際に対象を捕捉する目的で行うため、明らかな「戦闘行為」である。アメリカ軍では、照射を受けた瞬間に反撃に出て、敵艦を駆逐するとの軍紀が定められている。2月5日夜、小野寺五典防衛相が緊急記者会見を開いてこの事実を公表すると、日本中が騒然となった。このころ自衛隊幹部に聞くと、こう心情を吐露した。

「実はわれわれは、第一次安倍内閣の2006年ごろから、いつかは人民解放軍と海戦になると覚悟し、準備を進めてきた。だがそれは、孫子の兵法に『5倍になれば敵軍を攻撃せよ』とあるように、はるか先のことと思っていた。しかしレーダー照射を受けて、日中海戦は、もしかしたら今日明日のことかもしれないと、認識を改めた」

12月16日に行われた総選挙で自民党が大勝し、26日に第二次安倍晋三政権が誕生した。このとき、「中南海」（中国最高幹部の職住地）は、ライバル心を沸々とたぎらせていた。最も首相になってほしくない右派の政治家が、習近平総書記とほぼ同時期に、日本で権力を手にしたからだ。それまで習慣化していた日本の新政権に向けた祝電をどうするかと部下に聞かれたとき、習近平新総書記は「必要ないだろう」と答えた。2013年3月までは胡錦濤が国家主席だったが、すでに事実上の権力は習近平に移っていた。

暮れに私が北京を訪れると、まるで日本との戦争前夜のような様相を呈していた。テレビドラマ一つとってみても、胡錦濤時代には日本のドラマ『大奥』や、アニメの『クレヨンしんちゃん』『ポケモン』などが人気を博したものだが、いつのまにか『民兵葛二蛋』

『向着炮火前進』『平原烽火』『銃神伝奇』『干的漂亮』『殺狼花』『神銃』『戦旗』……という抗日歴史ドラマのオンパレードになっていた。

中国で最も人気が高い共産党系国際紙『環球時報』（12月29日付）は、年末恒例の「2013年世界の予測」を発表したが、そこには「中日海戦勃発」が入っていた。同紙は、「韓国を味方につけて、中韓vs日として日本を打ち破るべきだ」と説いていた。

人民解放軍少将の超過激発言

強硬派現役少将の羅援（共同）

北京にいた私のところにも、中国で人気の香港フェニックスTVから、「釣魚島（尖閣諸島）を巡る中日対決というテーマで正月の討論特番を組むことになったから出演してほしい」との依頼が来た。だが、収録日がたまたま日本への帰国日だったので、その旨伝えたら、「それなら北京空港から電話出演してほしい」と言われた。
当日、薄ら寒い北京空港の片隅で電話を受けた。フェニックスTVの北京のスタジオには、中国を代表する対日強硬派の論客たち――羅援《らえん》中国戦略文化促進会事務局長（羅青長《らせいちょう》元党中央調査部長の三男で現役の人民解放軍少将）、胡思遠《こしえん》中国国防大学教授、瀋丁立《しんていりつ》復旦大学国際問題研究院教授、唐淳風《とうじゅんぷう》商務部研究員、張煥利《ちょうかんり》新華社世界問題研究センター研究員が顔を揃え、電話の向こうから、5人の過激な発言が聞こえてきた。

羅援「わが国は1979年に対ベトナム戦争に勝利して高度経済成長を始めた。いまこそ79年の再現だ！　いったん日本との戦争になれば、わが人民解放軍は一気呵成に勝ちに行く。日本よ、何するものぞだ」

胡思遠「そのとおりだ。日本は昨年『9・11事件』（尖閣諸島の国有化）を起こして以降、軍備拡張に拍車をかけているので、われわれも時間がない。カール・マルクスも『戦争は政治の延長である』と述べているではないか。中日は『一衣帯水《イイタイシユイ》の関係』などというのは過去の話で、いまや『一衣帯血《イイタイシユエ》』の関係だ！」

瀋丁立「2001年に中米両軍が中国の領空で接触し、中米危機が起こったが、あのときはアメリカ側が中国に全面謝罪して事なきを得た。今回の日本はわれわれに謝罪する意思がないので、あのときのアメリカよりもタチが悪い。最低でも釣魚島（尖閣諸島）の領土の半分は取らねばならない」

唐淳風「半分ではなく全部だ！　自分の子供を半分敵にやれと言われて、やる親がどこにいるか。戦争をけしかけているのは安倍のほうで、安倍の言い分は、戦争が嫌なら中国が妥協しろというわけだ。わが国の選択は軍備増強あるのみだ」

張煥利「私は安倍本人はもとより、安倍の父親（晋太郎元外相）、祖父（岸信介元首相）にもインタビューしたことがあるが、3代揃ってゴリゴリの右翼政治家だ。昨年末の総選挙の結果、衆議院４８０議席中、共産党が8席、社民党が2席で、合わせて10席しか平和主義者はいなくなった。今年7月の参院選が終われば、日本はすぐに平和憲法にオサラバだ」

私は、「安倍政権はまずは『日米同盟の再構築』を外交の最優先課題に掲げているのであって、尖閣諸島を巡って開戦だとかいう話は気が早すぎる」と述べた。それにしても「習近平の中国」は、胡錦濤時代とは別の国のように映った。

習近平を激怒させた金正恩

ところで、習近平総書記が就任早々噛みついた隣国が、日本のほかにもう1ヵ国あった。それは、北朝鮮である。

北朝鮮では、２０１１年12月に金正日総書記が69歳で急死し、同月に息子の金正恩《キムジョンウン》が、朝鮮人民軍最高司令官に就任した。金正恩は翌年4月には、朝鮮労働党トップの中央第一書記と、国権の最高機関である国防委員会トップの第一委員長に就き、同年7月には元帥となった。金正恩は当時29歳。国家の最高指導者として、世界最年少だった。

習近平新総書記は、そんな北朝鮮に対しても、胡錦濤時代とは異なる外交を展開した。

きっかけは、平壌への特使派遣だった。習近平新総書記は、新たに全国人民代表大会常務委員会副委員長（国会副議長）に指名した李《り》建国《けんこく》を特使として、みずからの総書記就任挨

金正恩第一書記（共同）

拶の親書を持たせ、社会主義の友好国である北朝鮮、ラオス、ベトナムに派遣した。11月30日、平壌で金正恩第一書記と面会した李建国副委員長は、親書を手渡しながら習近平新総書記のメッセージを伝達した。

「今後は朝鮮に、衛星（長距離弾道ミサイル）発射実験や核実験を厳に慎んでもらいたい。かつ（朝鮮半島の非核化を話し合う）6ヵ国協議に復帰することを希望する。朝鮮がこれらの条件を呑《の》むなら、中国共産党はこれまで以上に協力や援助を惜しまない」

これを聞いた若い金正恩第一書記は憤慨《ふんがい》し、李建国副委員長を面罵《めんば》した。

「南の傀儡《かいらい》（韓国）だって、衛星を打ち上げているではないか。衛星打ち上げは金正日元帥様の遺訓であり、すべての国に認められた権利だ。わが国は必ずや、元帥様死去一周忌（12月17日）の前に、衛星打ち上げを行う。核実験にしても、わが国が自主的に決めることだ。やる時にはやる。中国とは関係のない話だ」

実際、12月12日午前9時49分、東倉里《トンチャンリ》の発射台から、長距離弾道ミサイル『テポドン2号』の派生型（光明星3号）を発射した。

２０１３年が明けると、ニューヨークの国連本部では、米中主導で北朝鮮への制裁決議の準備が始まった。中国は、より強い制裁を加えるよう主張し、アメリカを驚かせた。

1月22日、国連安全保障理事会は、制裁強化決議案第2087号を、全会一致で採択した。新たな制裁対象に北朝鮮の6団体と4人を追加し、計17団体、9人とした。そしてこれら団体・個人の資産凍結と渡航禁止を促したのだった。

これに対し、間髪を容れず1月24日、北朝鮮は強硬な声明を発表した。

〈われわれが進める高レベルの核実験は、不倶戴天の仇敵であるアメリカを狙っている。世界の公正な秩序を先頭に立って作るべき大国までもが、アメリカの専横と強権の圧力に屈し、最も初歩的な原則さえ惜しげもなく放棄してしまったのは、情けない限りだ〉

北朝鮮は核実験を予告すると同時に、国名こそ出していないが、中朝関係63年の歴史で異例とも言える「同盟国」中国への批判を展開したのだった。

反対を押し切り、核実験を強行

2月12日午前11時57分、地下核実験場のある豊渓里《プンゲリ》で、マグニチュード5・1の揺れを観測した。まもなく朝鮮中央通信が高らかに、3度目の地下核実験成功を発表した。

平壌の中国大使館が核実験の通知を受けたのは、実験のわずか1時間前だった。これによって、「中南海」の春節の大型連休は吹っ飛んだ。

核実験の当日午後、楊潔篪《ようけつち》外相が外交部に北朝鮮の池在竜《チジェリョン》大使を呼びつけ、「今回の蛮行は絶対に許さない」と抗議した。外交部ばかりか環境保護部も「東北地方の核汚染による大気状況は逐一発表する」との緊急声明を出した。

中国国内では、北京の北朝鮮大使館前をはじめ、遼寧省の省都・瀋陽、吉林省の省都・長春、広東省の省都・広州など各地で、自発的なデモ隊が現れた。

「朝鮮の迷惑千万な核実験を許すな！」「朝鮮への援助を即刻停止せよ！」

このようなデモ隊を、中国中央テレビがニュースで報じた。中国人が同盟国の北朝鮮に対してデモを起こすのも初めてなら、デモのテレビ放映も前代未聞だった。

中国のインターネット上では、これまでにない過激な書き込みが相次いだ。

「『棒子《バンズ》』に制裁を与えよ！」「『金三胖《ジンサンパン》』を打倒せよ！」

「棒子」とは、「棒のようなトウモロコシばかり囓《かじ》っている貧相な北朝鮮人（および国）」を意味する差別用語である。また、「金三胖」は、「金ファミリーの三代目のデブ」の意で、金正恩第一書記を指す差別用語だ。その後、中国の外交関係者たちの間でも、「棒子」「金三胖」という蔑称で呼ばれるようになった。外国人である私の前でも露骨にそう呼び始めたのを聞いて、驚いてしまった。

北朝鮮は早晩崩壊する

2月27日、英『フィナンシャル・タイムズ』に衝撃的な寄稿文が掲載された。筆者は、前年秋まで習近平主席が校長を務めていた中国共産党の幹部養成学校・中央党校の機関紙『学習時報』の鄧聿文《とういつぶん》副編集長。「中国は、核実験を強行した北朝鮮との関係を見直し、朝鮮半島の統一は、北朝鮮とではなく韓国と手を携えて目指すべきだ」という内容だった。

中国共産党の中枢にいる人物が、実名でこれほどはっきりと同盟国の北朝鮮を批判したのは初めてのことだった。北京の北朝鮮大使館が、中国外交部に厳重抗議したことで、鄧副編集長は解職処分を喰らった。その直後に電話すると、次のように語った。

「われわれは正直言って、北朝鮮と同盟国と見られることに辟易《へきえき》している。それに、核を放棄するのでなければ、金正恩と対話しても意味がないと考えている。習近平新総書記の北朝鮮に対する不信は、それほど根深いものがある。

中国は北朝鮮への経済援助を一部ストップさせたが、それはその表れだ。いまは一時的な措置だが、北朝鮮がもう一度、核実験を強行したら、援助は全面ストップさせる。そもそも北朝鮮が核実験を強行したのは、中米両大国を離反させるのが目的だろう。ところが皮肉なことに、北朝鮮の核問題によって、中米はより緊密な関係を築くようになった。

金正恩体制下の北朝鮮は、かつてないレベルで崩壊の危機を迎えている。私は占い師ではないので正確な時期は予測不能だが、早晩崩壊するだろう」

まるで習近平総書記の言葉を代弁しているかのような発言に聞こえた。

国連安保理での米中の根回しは、1月のミサイル実験への非難決議に続いて、非常にスムーズに進んだ。3月7日、国連安保理は、これまでにないレベルの対北朝鮮制裁決議案第2094号を、全会一致で可決したのだった。その主たる内容は、禁輸物資の積載可能性がある北朝鮮船舶の貨物検査、核ミサイル開発につながる金融資産の移動禁止、北朝鮮外交官の手荷物検査強化、資産凍結と渡航禁止対象を、19団体・12個人に拡大するなどだ。中国の李保東《りほとう》国連大使は決議案の可決後、「中国は決議案に賛成したどころか、これを百パーセント遵守することを約束する」と言い添えた。

2012年の中朝貿易は、合法的なものだけで59億ドルと過去最高額に達していた。「合法的な」と断りを入れたのは、税関を通さない密貿易も盛んだからだ。何といっても年間約3000人もの「人間」さえ脱北してくるのが中朝国境なのだ。それが中朝国境の中国側の町・丹東《たんとう》では3月以降、北朝鮮貿易がほとんど停止され、静まりかえった。鴨緑江《おうりょくこう》を挟んだ北朝鮮側の新義州《シンウイジュ》の黄金坪《ホアングムピョン》・威化島《ウイホアド》経済特区の開発も、ストップした。新時代の中朝友好の象徴として鴨緑江に新たに架ける予定の新鴨緑江大橋の工事も始まらなかった。もう一つの日本海側の羅先《ラソン》経済貿易区の開発も、同様に中断された。中国が全面的にバックアップして始めたこの2ヵ所の経済特区の停滞は、北朝鮮経済の未来に黄信号が灯ることを示していた。

中国はそれまで、北朝鮮に毎年、原油約50万tを、黒竜江省の大慶《だいけい》油田から無償で供給していたが、これも従来の6割程度の水準に引き下げた。この措置は、まだ冬の終わらない北朝鮮を直撃した。さらに、北朝鮮への食糧援助も減らし、春の種蒔きの時期に必要な化学肥料の援助も減らした。そのため、北朝鮮は「堆肥づくり戦争」と称した全国民を挙げての肥料づくりを行わざるを得なくなった。

急激に悪化する中朝関係

こうした厳しい国連の制裁決議と習近平新政権の冷たい仕打ちに、金正恩第一書記がブチ切れた。朝鮮戦争の休戦協定の白紙撤回、板門店《パンムンジョム》の南北直通電話の遮断、ただちに戦争を行える「一号戦闘態勢」の発令、寧辺《ニョンビョン》の核施設の再稼働、南北和解の象徴である開城《ケソン》工業団地の一時閉鎖、そして在平壌の24ヵ国の大使館に対して避難勧告まで行った。

日増しに高まる金正恩政権の常軌を逸した行動を受けて、ケリー米国務長官が、4月12日から15日まで、韓国、中国、日本と慌ただしく歴訪した。ケリー長官は13日に、ソウルから北京入りしたが、北京もソウルと同様、重苦しい雰囲気に包まれていた。

中南海の紫光閣《しこうかく》で行われたケリー国務長官と李克強首相との会談では、わずか1ヵ月前に首相に就いた李克強が、金正恩第一書記を痛烈に批判した。

「あの半島で挑発行為を行う者は、その結果についてみずから責任を負わねばならない。まるで大きな石を自分の足に落とすような愚かな行為だ」

続いて、人民大会堂で行われた習近平新主席との会見では、習近平の側からは、北朝鮮問題にあえて触れなかった。

「先月はルー新財務長官がお見えになり、今日はあなたがいらした。そして私は6月初旬にはアメリカを訪問する。中米両国は緊密に連携して、ダブルウインの『新型の大国関係』を築いていこうではないか」

習近平の心は、後述する6月初旬の訪米にあった。そこでケリー長官のほうから、昨今の北朝鮮問題についての見解を問いかけた。すると習近平は、吐き捨てるように述べた。

「ただのガキの悪遊びだろう。わが国にとって大事なのは地域の安定であって、朝鮮の現政権の安定ではない」

大事なのは地域の安定であって、朝鮮の現政権の安定ではない——この言葉は習近平主席のホンネだった。習近平は隣国の若い指導者に対して、何の思い入れもなかったのだ。

ケリー国務長官は翌14日、東京へ立ち寄り、安倍晋三首相や岸田文雄外相と会談。朝鮮半島の非核化と米日韓の3ヵ国連携の重要さを、日本の首脳に説いた。だが習近平や李克強の過激な非難発言については、あえて言及しなかった。

こうしてケリー長官は帰国の途に就いたが、特に習近平新主席の無感情な物言いは、非常に印象深かった。そこでそのまま、オバマ大統領に報告した。オバマ大統領自身も、習近平主席から同じ物言いを、6月7日にカリフォルニアで聞くことになる。

こうした米中の「金正恩包囲網」に、2月25日に発足した韓国の朴槿恵政権も加わろうとしていた。朴大統領は5月5日から10日までアメリカを訪問し、7日にオバマ大統領と初の米韓首脳会談を行った。首脳会談で朴大統領は、「アメリカ、中国と緊密に連絡を取りながら北韓（北朝鮮）問題を解決していきたい」と強調したのだった。朴大統領は訪米に続き、6月末には訪中も予定していた。

中国との関係が悪化したことで、朝鮮人民軍の食糧事情にも大いに影響が出ていた。そのため、ついに朝鮮人民軍海軍が実力行使に出た。5月5日、海軍の艦艇が黄海上で操業していた中国漁船「遼普漁25222号」を拿捕《だほ》し、120万人民元の身代金を要求した。中国側が要求を呑まなければ、海軍の艦艇を黄海上に繰り出して、次々に中国漁船を拿捕するつもりだった。

この中国漁船拿捕事件で、習近平主席の怒りは倍加し、王毅《おうき》新外相に「海賊行為をやめろ」と猛抗議させた。結局、北朝鮮海軍は、5月21日に中国人船員と拿捕した漁船を解放した。6月1日に大連港に戻った漁船員たちは、船内で北朝鮮海軍の兵士たちから暴行を受け、すべての携帯食糧を取りあげられたうえ、わずか13m^2の倉庫に押し込められて、魚だけを食べて飢えを凌いでいたと証言した。

金正恩と安倍晋三

こうして中朝関係が破綻に向けて転がり落ちる中、金正恩第一書記は「最後のカード」

を切った。北朝鮮ナンバー2の実力者にのし上がった崔竜海《チェリョンヘ》軍総政治局長に「親書」を託し、特使として北京に送り込んだのである。6月7日には、習近平主席がオバマ大統領と会談し、「金正恩政権転覆」を話し合う懸念もあったため、北朝鮮は切迫していた。

崔竜海は、金日成《キムイルソン》主席側近の崔賢《チェヒョン》人民武力部長の息子で、2013年4月に軍トップの総政治局長に任命されたが、それまで軍歴はゼロである。若いころは「平壌一のプレイボーイ」というニックネームで、金正日総書記や張成沢《チャンソンテク》党行政部長の遊び友達だった。

5月22日に北京に到着した崔竜海は、出迎えた王家瑞《おうかずい》党中央対外連絡部長に、「金正恩第一書記の親書を習近平主席に直接手渡す」と主張した。ところが、かつて金正日総書記に8回も面会した王部長は、「習主席は現在、四川省に出張中」とかわしたのだった。24日午後になってようやく、四川省視察から戻った習近平主席側から「面会に応じる」との知らせが届いた。条件は、「軍服を脱いで人民大会堂へ来ること」。

これには北朝鮮側がいきり立った。崔竜海は、金正恩元帥に次ぐ次帥であり、軍総政治局長という誇り高い朝鮮人民軍制服組トップの立場で訪中したというのに、その肩書を外せというのである。それでは、ただの使い走りが親書を届けるのと変わらなくなる。

そこで「その条件は絶対に呑めない」と強く拒否する返答をした。するとしばらくして習近平サイドから、「それならばすぐに帰国してほしい」と最後通牒《つうちょう》が来た。

結局、北朝鮮側が折れざるをえなかった。もし習近平主席に親書を渡せずに帰国すれば、訪中団メンバーが粛清されるのは、火を見るより明らかだったからだ。

そこで崔竜海は、長年の友人である池在竜北朝鮮大使から、祝日用の濃紺の人民服を借り受けた。そして北京の北朝鮮大使館にある中で、いちばん大きな金日成・金正日バッジを左胸につけて会見に臨むという意地を見せたのだった。

こうして午後4時から、崔竜海軍総政治局長は習近平主席との面会を果たした。だが対面した際、習近平主席は社会主義の指導者同士の挨拶スタイルである抱擁をせず、そっけなく右手を差し出しただけだった。それでも着慣れない人民服姿の崔竜海は、真っ先に金正恩第一書記から託された直筆の親書を、大仰に手渡した。すると習主席は、親書の内容を自分で確かめることもなく、横の楊潔篪外交担当国務委員に回したのだった。

双方が着席すると、習近平主席は冒頭から、野太い声で持論を展開した。

「国際情勢がどう変化しようが、朝鮮の核兵器保有は絶対に容認できない」

崔竜海軍総政治局長は、気圧《けお》されたようになりながら弁明した。

「わが国も、経済発展と人民の生活改善を望んでいる。だが、外部環境が許さないのだ」

崔竜海は続いて、金正恩から口頭で託された要請をした。重油・食糧・化学肥料援助の百パーセント再開や、金正恩第一書記の早期の訪中許可などである。すると習近平主席は、そっけなく答えた。

「環境が整えば援助もし、招待もするが、いまはそのような環境にないことはお分かりのとおりだ。これは朝鮮側の態度の問題だ。朝鮮側が態度で示せば、こちらも態度で示す。朝鮮は一刻も早く6ヵ国協議に復帰し、北東アジアの平和と安定に寄与してほしい」

そう言って、一度も笑顔を見せることなく、一方的に会談を打ち切ってしまった。

この新たな「中南海の主」から見れば、東方の2国（日本と北朝鮮）は、国の大小こそ違えど、似たように映ったのだった。そしてまた、2国の指導者である安倍首相と金正恩第一書記も、似たような存在に思えたのである。

第１章

習近平外交始動
（2013年）

プーチン露大統領を見習って「皇帝外交」を始動させた習近平新主席

習近平が尊敬する3人の政治家

あの無表情な習近平の顔に、思わず笑みがこぼれた瞬間だった。2013年3月14日午前、北京の人民大会堂で開催された全国人民代表大会（国会）の全体会議で、習近平は2963人の人大代表（国会議員）によって、国家主席に選出された。これで党・軍・政府の3権を手中に収め、晴れて「第5代皇帝」を襲位した。胡錦濤は完全引退した。

この記念すべき日の午後、習近平はさっそく、国家主席としての「初仕事」に臨んだ。

2013年の全国人民代表大会で国家主席に選出され笑みを浮かべる習近平（共同）

それは、北京と5時間の時差があるモスクワが朝になるのを見計らって、ロシアのウラジーミル・プーチン大統領に電話を入れることだった。「国家主席に就いたら、誰よりも先にプーチンに挨拶する」――これは習近平が、だいぶ前から固く心に決めていたことだった。

習近平主席を直接知る中国人は、「伝統的な北京人」「寡黙《かもく》な頑固者」

「感情のない政治家」など、十人十色に評する。ところが「習近平が尊敬する政治家は誰か？」と問うと、一様に3人の名前を挙げる。

一人目は、父親の習仲勲《しゅうちゅうくん》（1913年〜2002年）である。陝西《せんせい》省の寒村（富平県淡村鎮中合村）に生まれた習仲勲は、1930年代に抗日戦争に加わり、1949年の新中国建国後は、周恩来首相の側近として頭角を現した。「第二夫人」斉心《さいしん》の長男である習近平が生まれた3ヵ月後の1953年9月に、政務院秘書長（官房長官）に就任。1959年から3年間は国務院副総理（副首相）も兼任した。その後、失脚し、文化大革命で辛酸を舐めるが、鄧小平時代になって復権。1979年以降、広東省長、全国人大常委副委員長（国会副議長）、党中央書記処書記などを歴任し、政界引退後は香港に隣接した深圳《しんせん》で余生を過ごした。

習近平の父、習仲勲（共同）

二人目は、「建国の父」毛沢東元主席（1893年〜1976年）である。習近平主席は父親が失脚した影響を受けて、北京の幹部用住宅を追い出され、15歳から22歳まで、陝西省の極貧の寒村（延川県文安駅公社梁《りょう》家河《かか》大隊）で重労働を課せられた。その間に読むことを許されたのは、『毛沢東語録』と、たびたび父親の批判記事が書かれた党中央機関紙『人民日報』だけだった。青年時代の習近平を知る人物は、次のように証言する。

「毛沢東の暴政のせいで父親は失脚して、河南省の炭鉱送りになったし、本人も大事な青春時代を棒に振った。そのため、習近平は毛沢東を恨んでもおかしくないのだが、陝西省で7年間も洞穴生活を送っている間、完全に毛沢東に洗脳されてしまった。

そればかりか、自分は毛沢東の生まれ変わりなのだと、本気で信じているかのようだ。中国の干支《えと》は60年で一回り（還暦）だが、習近平は自分が毛沢東のちょうど60年後に生まれたことを、周囲に誇っているからだ。とにかく習近平の毛沢東崇拝は、尋常でない」

憧れの人、プーチン

習仲勲と毛沢東は、ともに故人である。だが現役の政治家で、習近平新主席が尊敬してやまない人物が、世界に一人だけいた。それがプーチン大統領（1952年〜）である。

習近平主席よりも1歳年上で、いわば同世代のプーチン大統領は、1999年にロシアの首相になって以降、14年間も大国ロシアで独裁的な権力を保持し続けていた。エリツィン大統領に引き立てられた当初は権力基盤がなかったところも、習近平と似ていた。「プーチンのロシアのような、習近平の中国を作る」――これが習近平新主席の目標だった。

2013年３月22日、モスクワのクレムリンで、会談を前に握手を交わすプーチンと習近平（共同）

3月14日午後、習近平は、プーチン大統領に国家主席就任の報告をし、「史上最も友好的な中ロ関係を構築したい」と、熱い想いを吐露した。

このときの「長電話」で、すでに水面下で準備を進めてきた、初の外遊となるロシア訪問を最終確認した。そして翌週の22日から24日まで、国賓《こくひん》としてモスクワを公式訪問したのだった。

クレムリンの大広間で、習近平主席が憧れのプーチン大統領との対面を果たしたときの映像が残っている。大広間の両側の大門が厳かに開かれ、両首脳がそれぞれの側から同時に入室。二人は赤絨毯《じゅうたん》に沿って大広間を進んでいき、中央の豪華なシャンデリアの下で、がっちり握手を交わしたのだった。

習近平主席は、重要な場に出るときには、中国共産党の党色である深紅のネクタイを着けるのが習わしである。だが、このときはプーチン大統領が赤のネクタイを着けると聞いて、自分は群青色のネクタイにして身を引いた。

プーチン大統領の演出は巧みだった。ツァーリ（皇帝）時代を想起させるものものしい警備隊や軍楽隊。そして握手を交わしながら、習近平主席が唯一知っているロシア語で、当のロシアではとっくに死語と化している挨拶をしたのだ。「タヴァーリシシ！」（同志）。その瞬間、習近平新主席の表情が緩んだ。続いて、大広間の隣室で行われた中ロ首脳会談で、プーチン大統領は習近平主席に、とっておきのプレゼントをした。それは、1959年に習仲勲副首相がモスクワを訪問したときの記念写真だった。習近平主席は、父親のかつての勇姿を見て、感慨深げな笑みを浮かべた。その写真はいまでも、中南海の党総書記執務室に飾ってある。

習近平は、青年時代に文化大革命で徹底的に痛めつけられた経験から、表情を見せることは稀だ。初の外遊でも、緊張感を緩和するため薄口紅を差していた。だがそんな心配もないほど、ロシアへ来て生気勃々《ぼつぼつ》とし、2泊3日で20ものイベントを分刻みでこなした。

習近平外交の5人のキーパーソン

ロシアへは、以後「外交5従士」と呼ばれる側近たちを帯同した。王滬寧《おうこねい》党中央政策研究室主任、栗戦書《りつせんしょ》党中央弁公庁主任、楊潔篪《ようけつち》外交担当国務委員（前外相）、王毅《おうき》外相、それに元国民的歌手の彭麗媛《ほうれいえん》夫人である。

1955年山東省生まれの王滬寧は、復旦《ふくたん》大学法学部長だった1995年、当時の江沢

栗戦書中央弁公庁主任（共同）

王滬寧党中央政策研究室主任（共同）

民主席が中南海に引っ張り、中央政策研究室政治グループ長に据えた。その後、２００２年に中央政策研究室主任となったが、胡錦濤主席も使い続けた。そして習近平主席の時代になっても、留任を果たした。このような幹部は王滬寧ただ一人だった。

１９５０年河北省生まれの栗戦書は、同省石家荘《せっかしょう》の共産党組織の資料室に勤務していた１９８２年に、同省正定《せいてい》県に党委副書記としてやってきた29歳の習近平と知り合った。年齢は栗戦書のほうが３歳年上だったが、栗は習近平を「兄貴」と慕い、以後、習近平が福建省に移ってからも交友を続けた。「孤独な指導者」習近平にとって、30年間自分に付き従ってきた唯一の「弟分」で、２０１２年９月、官房長官にあたる党中央弁公庁主任に抜擢した。

同じく１９５０年上海生まれの楊潔篪は、高卒で外交部の一介の英語通訳からのし上がり、駐米大使を経て２００７年に外相になった。２０１３年３月

楊潔篪国務委員（共同）

王毅外相（共同）

から、外交部門の総責任者である中央外事工作指導小グループ弁公室主任兼外交担当国務委員となった。

王毅は、習近平と同じ１９５３年北京生まれで、青年時代に黒竜江省へ7年半、「知青《ジーチン》」（辺境農村での労働）に行かされた。北京へ戻って、旅行ガイド養成学校の北京第二外国語学院日本語科に入り、28歳の最年長で卒業した。だが周恩来首相の外事秘書だった銭嘉東《せんかとう》の娘、銭韋《せんい》が王毅に一目惚れし、卒業と同時に結婚。王毅は岳父の力で外交部へ就職した。外交部では日本担当を務め、30代半ばで日本課長、42歳でアジア局長、47歳で副大臣になった。２００４年から3年間、駐日大使を務めた。

アメリカ派のライバル楊潔篪との外相争いに敗れると、２００８年に、党中央台湾工作弁公室主任を希望して、外交部を去った。これはひとえに次代の指導者・習近平が、台湾との窓口である福建省に17年間も勤務したことを睨《にら》んで、習近平人脈を摑むためだった。こうした努力が実って、王毅は晴れて、２０１３年3月に外相の座を射止めた。中国の外交関係者が語る。

「王毅外相は、常に習近平主席の顔色を窺って仕事をしている。習主席がプーチン大統領を尊敬していると知るや、外交部傘下の出版社から『プーチン文集』を出版させ、自ら序文を書き、ロシア大使を招待して大々的な出版パーティまで開いた」

１９６２年山東省生まれの彭麗媛は、１９８４年以来、『春晩《チュンワン》』（中国版の紅白歌合戦）に連続出場記録を更新し続ける国民的歌手だったが、１９８７年に、当時福建省勤務だった習近平と結婚した。習近平は１９７９年に、柯華《かか》駐英大使の娘で2歳年上の柯玲玲《かれいれい》と結婚したが、3年で離婚していた。彭麗媛は１９９２年に、一人娘の明沢《めいたく》を産んだ。習明沢は２０１４年夏に、米ハーバード大学心理学科を卒業した。

習近平主席は、初の外遊に彭麗媛夫人を同伴。モスクワの空港に着いたとき、二人で仲良く手をつないで主席専用機のタラップから降り立った。中国の国家主席と夫人がこのようなパフォーマンスを見せたのは初めてのことで、中国の外交関係者の話によれば、「ライバル視する日本の安倍晋三首相と昭恵夫人をマネた」という。

習近平主席にとって夫人同伴は「新時代外交」の演出の一つだった。

「そもそも一般の中国人にとっては、歌手の彭麗媛の夫が国家主席に就任したという認識だった。２０１３年3月の時点では、彭麗媛のほうが習近平主席より、はるかに有名だったからだ。そのため新主席の要望もあって、彭麗媛をファーストレディとしてデビューさせる策を講じた。そして初外遊を皮切りに、習近平主席のその後の多くの外遊に彭麗媛夫人を同行させ、中国の新時代の到来を内外にアピールしたのだ」（同・中国の外交関係者）

ファーストレディ彭麗媛

『環球時報』（3月28日付）は、彭麗媛夫人の外交デビューを華々しく報じた。

〈新主席のファーストレディが、国産ブランドのファッションを身につけて、ロシアをはじめ、訪問する先々で大歓迎を受けた。彭麗媛夫人は中国の民族ブランドを牽引するモデルであり、彭麗媛夫人のおかげで、われわれ中国人の中国文化への自信も強まっていく〉

このとき、カラフルな「彭麗媛ファッション」を担当した広州のファッションメーカー『例外《エクセプション》』に電話して尋ねたところ、社員が誇らしげに語った。

「彭麗媛教授には昔から、われわれ『例外』ブランドをひいきにしていただいています。今回の外遊のファッションは、環境に優しい素材というテーマで、すべて手作りで制作しました。中国ブランドが支持を受けて非常に嬉しく思います」

だが、私は２００９年から２０１２年までの北京駐在員時代に、一度だけ彭麗媛夫人を見かけたことがあるが、サングラスまで含めて、全身クリスチャン・ディオールで固めていた記憶がある。また愛用している化粧品も中国産ではなく、資生堂だと聞いた。彭麗媛夫人をよく知る東京在住の中国人が証言する。

「彭麗媛は大の日本びいき、というより日本製品びいきで、何度も訪日している。定宿は、銀座での買い物に便利な帝国ホテルだ。訪日時には毎回、資生堂の高級化粧品を大量に買っていく。彼女が最後に訪日したのは、確か2009年11月だった。その直後に訪日した夫（当時は国家副主席）が、天皇陛下に会う会わないでモメたため、それ以降は大好きな銀ブラ旅行を自粛しているようだ」

習近平主席と彭麗媛夫人（ロイター＝共同）

旧知の資生堂の元中国駐在代表にも確認してみたが、「彭麗媛さんには長年、弊社の製品をご愛用いただいております」とあっさり認めた。

ファッションや化粧品のことはともあれ、習近平主席より9歳若い彭麗媛夫人は、単なる国民的歌手ではない。人民解放軍総政治部歌舞団長を務めた軍属の歌手であり、現役の人民解放軍少将だ。また、中国人民政治協商会議委員や中華全国青年連合会副主席などを歴任した政治家でもある。以後、彭麗媛夫人は、習近平主席の「外交5従士」の一人として、重要な役割を果たしていくことになる。

最高権力者の助言

話を初の中ロ首脳会談に戻そう。このときの習近平新主席は、一刻も早くプーチン大統領のような強大な権力者になりたいという、めらめらとした「野心」を沸き立たせていた。同世代の大国の国家元首とはいえ、片や15年近くも権力の座に君臨しているのに対し、片やようやく権力を手にしたばかりで、内心は不安感に苛《さいな》まれていたのだ。

和気藹々《あいあい》とした会談の最中、習近平主席はプーチン大統領に、ロシアのエネルギー戦略について質問した。するとプーチン大統領は、まるで兄が弟を諭すように講釈した。

「石油・天然ガス戦略は、わが政権の中核をなすものだ。ロシアでは1990年代に、エネルギー産業を民営化しようという愚かな運動が起こった。私の政治家としてのキャリアは、まさにエリツィン時代に国家のエネルギー産業の統括官に任命されたことから始まった。だから私は、エリツィン大統領から政権を引き継ぐと、真っ先にロスネフチ、ガスプロムなどのエネルギー関連企業を掌握した。

近代以降の戦争は、ほとんどがエネルギー獲得競争が原因で起こっている。それでロシアのエネルギー産業は、国家元首である私が一手に掌握しているのだ。私がエネルギー産業を掌握している限り、ロシア政界に波風は立たない」

プーチン大統領の一言一言が、習近平新主席の胸に突き刺さった。中国のエネルギー産業は、この時点ではまだ江沢民元主席と、その手下の周永康《しゅうえいこう》前常務委員が掌握していた。

前出の中国の外交関係者が明かす。

「習近平主席は2013年に入って、王滬寧や楊潔篪らに命じて、『プーチン研究』を行わせていた。なぜプーチンが長期にわたって『皇帝』でいられるのかを知りたかったのだ。上がってきた報告書によれば、プーチンの権力の源泉は、軍とエネルギー利権だった」

習近平主席は帰国後、江沢民と周永康に対して、本格的に「宣戦布告」していく。「勝利」を収めたのは、それから2年後だった。2015年6月、周永康に無期懲役刑を科して刑務所にブチ込んだ。同年9月、抗日戦争勝利70周年軍事パレードで江沢民を天安門の楼上に上げ、中央に立つ自分の横に侍らせることで、誰が「皇帝」なのかを万人の前で誇示したのだった。

異例の国防省視察

習近平新主席はこのときのロシア訪問で、国防省への視察を強く希望した。これに対してロシア側は当初、「外国要人の国防省訪問は、旧ソ連時代も含めて前例がない」として固辞した。だが習近平サイドの度重なる要請に、最後はプーチン大統領が折れた。

中ロ首脳会談翌日の3月23日午後3時、氷点下の寒さが続くロシア国防省の正面玄関前で、ショイグ国防相の指揮で、陸海空3軍の儀仗隊による閲兵式が行われた。習近平主席は両国の国歌が演奏される中を、ショイグ国防相とともに、緊張した面持ちで閲兵した。

その後、習近平主席は、ロシア国防省の中枢部である作戦指揮センターに入って、グラシモフ総参謀長の説明を受けた。指揮センター内の巨大な電光掲示板は、ロシアの陸海空軍、戦略ミサイル部隊、特殊部隊などの様子が、スイッチ一つで切り替わるようになっていた。それらは、遠方で航海中の各艦隊とも連結していた。

習近平主席は、真剣な表情で見入っていた。そして、陪席していた王滬寧主任、栗戦書主任、楊潔篪国務委員、常万全《じょうばんぜん》国防部長（国防相）らに命じた。

「このような最新軍事システムを、早急にわが軍に取り入れるのだ。常部長は、明日のショイグ国防相との兵器交渉で、このシステムや最新型のスホイ戦闘機、原子力空母など、どんどんロシアから買い付けるのだ。まさにわれわれが見習うべきは、ロシアだ」

BRICS首脳会議の真の主役

習近平主席一行は、モスクワから北京へ戻らずに、タンザニア、南アフリカ、コンゴを歴訪した。南アフリカでは、3月26日から27日まで開かれたBRICS（新興5ヵ国）首脳会議を、胡錦濤前国家主席から引き継いだ。

BRICS首脳会議の提唱者は、ロシアだった。2008年9月のリーマン・ショック直後の11月、世界に広がった金融危機を乗り越えるため、退任間近のブッシュ米大統領が、ワシントンで初めてのG20（主要国・地域サミット）を招集した。従来の枠組みである

G7（先進国サミット）では危機を解決できなかったため、世界の主要な19ヵ国に枠を広げ、EU代表を加えてG20としたのだ。

このとき、圧倒的な存在力を見せつけたのが中国だった。胡錦濤主席は、総額4兆元（当時の邦貨で58兆円）もの緊急財政出動を宣言し、併せて世界金融における米ドル一極支配体制を批判した。そのためメディアは、「G2時代の幕開け」と書き立てた。世界は先進7ヵ国が主導する時代から、米中の2強が主導する時代へ移っていくと思われたのだ。

この流れに危機感を覚えたロシアは、巨大化する中国を味方に引き入れつつ、米欧を牽制していく枠組みとして、成長著しい新興4ヵ国——資源エネルギー大国のロシアとブラジル、経済大国の中国とインド——の結集を呼びかけた。第1回の首脳会談は、メドベージェフ大統領が主催して、2009年6月にロシアのエカテリングルクで開かれた。2010年末にアフリカ代表として南アフリカが加わり、BRICSの5ヵ国体制となった。これは各国の頭文字を取った呼び名で、英語のレンガにも通じる。

2013年3月、南アフリカで開かれたBRICS首脳会議が初参加となった習近平主席は、27日に「提携し、共同で発展していく」と題する、その後から考えると控えめなスピーチを行った。

初めて多国間会議に出席したことで、習近平主席は大いに自信をつけた。中国の経済規模はほかの4ヵ国の総和よりも大きいため、「中国の意思」がおおむね、「5ヵ国の意思」

となることを実感したからだ。逆に中国が反対した事案は、ことごとく葬り去られた。

習近平新主席は、政治と軍事の分野に関しては、自信を持っていた。尊敬する二人の政治家――毛沢東と習仲勲の手法を継承すればよいと思っていたからだ。だが経済と外交の分野に関しては、苦手意識があった。政権発足当初、ある中国の官僚は私に、「今度の新主席は、アルファベットを最後まで言えない男だ」と皮肉ったほどだった。

ところが、BRICS首脳会議で実感したことは、世界ナンバー2の経済力は、そのまま外交力になるということだった。誰もが自分に注目し、気を遣い、尊重してくれた。その意味で9日間に及んだ初外遊は、「不安解消の旅」だったともいえた。

中国外交の「本丸」

習近平主席が帰国すると、外交チームはただちに、6月7日に控えたアメリカ訪問に、全精力を集中させた。アメリカこそは中国外交の「本丸」であり、すべての中国外交はアメリカに通じると言っても過言ではなかった。

中国は鄧小平の尽力によって、1979年にアメリカとの国交正常化を果たした。中国から見て、以後のアメリカ政権には、共和党、民主党を問わず、対中政策に関して共通項があった。それは、大統領選挙期間中も含めて、任期の前半においては強硬な要求を突きつけてくるが、任期の後半になると、手のひらを返したように「親中派」に変わるということだった。つまり、人権問題よりも目先の中国ビジネスを優先させるわけだ。

唯一の例外が、オバマ政権だった。2009年1月に就任したオバマ大統領は当初、政治体制が異なる国々とも「対話外交」を掲げ、「アジアへの回帰」を謳った。そして「日本との同盟関係がアジアで最重要」と述べていた歴代大統領と違って、「アジアのことは中国と相談して決める」という新たな認識を示したのだった。

だが、同年11月の初訪中で、オバマ大統領の期待は失望に変わった。オバマ大統領にとって中国は、たとえ政治体制は違えども、アメリカをサポートしてくれる存在でいてほしかった。ところが中国は、まるで育ち盛りのわんぱく坊主のような聞かん坊だったのだ。

アメリカが中国という社会主義国を、初めて「パートナー」として認定したのは、2005年9月のことだった。当時のゼーリック国務副長官が、ニューヨークでの講演で、「中国とはStakeholderの関係である」と規定したのだ。Stakeholderとは、「利害を共有する者」という株式用語である。この発言に中国は色めき立った。これまでよそよそしく握手してきたアメリカが、初めて肩を組んでくれたように映ったからだ。

続いて、2008年夏に北京オリンピックを成功させたことで、中国は自信をつけた。オリンピックの直後にリーマン・ショックが起こり、前述のように中国は失速するアメリカに対して、攻勢をかけた。

オバマ政権最初の年の2009年9月、スタインバーグ米国務副長官が、「中国とは、

Strategic Reassurance（戦略的再保証）の関係である」と、改めて規定した。その意味するところは、同年11月にオバマ大統領が訪中した際の「米中共同声明」で明らかになった。

〈アメリカは、強大で繁栄し、成功した、国際的役割を大いに果たす中国を歓迎する。中国は、アメリカがアジア太平洋国家の一員として、この地域の平和と安定、繁栄に努力することを歓迎する。両国は、21世紀の積極的で全面的な提携関係に尽力し、共同の挑戦に一歩一歩対処していく〉

この文面には、当時の米中それぞれの「思い」が凝縮されていた。まずアメリカにとってみれば、強大な中国の存在など、自国の覇権を脅かすことになるので望ましくない。だがリーマン・ショック後のアメリカ経済の復興は、中国ビジネス頼みである。そこで「アジア限定」ということで、中国の台頭をしぶしぶ容認したのだ。

一方、中国の側から言えば、アメリカには一刻も早くアジアからお引き取り願いたいが、世界最強国に対して、そのようには言えない。そこでアジアの繁栄に努力するということに限定して、やはりしぶしぶ進出を容認した。

その後、両国の貿易摩擦と金融摩擦が激化。アメリカの対台湾武器輸出、オバマ大統領のダライ・ラマ14世との面会などが重なり、米中関係は坂道を駆け下りていった。

２０１１年１月に胡錦濤主席が訪米した際の「米中共同声明」では、次のようになった。

〈アメリカは、強大で繁栄し、成功した、国際的役割を大いに果たす中国を歓迎する。中国は、アメリカがアジア太平洋国家の一員として、この地域の平和と安定、繁栄に努力することを歓迎する。21世紀にさらに安定し、平和で繁栄したアジア太平洋地域をともに築く努力をすることを、両国の指導者は支持した〉

この2度目の「声明」は、その1年2ヵ月前のものとは似て非なるものだった。前回高らかに謳った「積極的で全面的な提携関係」は、2011年版では抜け落ちている。「共同の挑戦に対処していく」とも謳っていない。さらに2011年版では主語が「両国」ではなく「両国の指導者」となっている。つまり腰が引けていて、指導者が代われば文面も変わっていくことを示唆していた。

ワシントンで胡錦濤主席は、オバマ大統領に対して、「求同存異《チウトンツンイ》」（同じものを求めはするが、異なるものが存在する）という四字熟語を連発した。だが、「求同」より「存異」が次第に際立っていく中で、習近平主席にバトンタッチされたのだった。

習近平新政権は、言ってみれば「中国版ネオコン政権」であり、オバマ政権に対してまったくひるんでいなかった。前出の中国の外交関係者は、次のように吐露した。

「2009年に非戦と非核を宣言してノーベル平和賞を受賞したオバマ大統領は、相対的に弱体化していく超大国アメリカの象徴のように映った。オバマ大統領と、外交の実質的な統括責任者であるライス安保担当大統領補佐官のルーツはアフリカにあり、われわれが最も得意とする対アフリカ外交の経験と強みが活かせると思った」

習近平訪米のシナリオ

習近平新主席が外交担当者に求めたのは、何よりも「虎のような牙」だった。中国の国益を守るためには、時として対外的に牙を剝《む》けることが必要と考えたからで、それは対米外交に関しても同様だった。

その点、高卒で一介の英語通訳から駐米大使、外相に上り詰めた楊潔篪は、名前に「虎」の字が入っているだけあって、笑顔の裏に激情を秘めた男で、習近平は高く買っていた。同様に外相に指名した王毅も、駐日大使を務めながら日本に靡《なび》かなかった外交官として、一定の評価を与えていた。

ただ、上海人の楊潔篪と北京人の王毅の不仲は、中国外交部では公然の秘密だった。楊潔篪は王毅を念頭に置いて、「英語ができない者は外交官たる資格がない」と公言していた。一方の王毅も、「アメリカだけを見て外交をやる時代は終わった」と言うのが口癖で、暗に上司の楊潔篪を批判した。こうしたトップとナンバー2の確執を見るにつけ、外交部の外交官たちは、「一つの山に二頭の虎は許容されない」という中国の古い諺《ことわざ》を思い出した。それでも、「二頭の虎」のどちらからも嫌われないよう気を遣うのだった。

習近平、楊潔篪、王滬寧、栗戦書、それにワシントンから一時帰国させた崔天凱《さいてんがい》駐米大使（元駐日大使）らが、6月7日と8日に迫ったオバマ大統領との初会談のシナリオを練った。王毅新外相も会議には出席したが、楊潔篪の牽制もあって、こと対米外交に関しては、ほとんど発言権がなかった。

楊潔篪国務委員は習近平主席に、これまでの中米関係の概略を説明した。そのうえで、「アメリカの力は、過去に較べて明らかに弱ってきています。特にオバマ大統領は『弱い大統領』です」と力説した。崔天凱大使も続けた。

「オバマ大統領のスケジュールは、『世界一高価な時間』と呼ばれています。それを2日間も外国の国家元首との会談に費やすのは、前代未聞です。まさに、『アジアのことは中国と相談して決める』という中国重視の表れといえましょう」

習近平主席が満足げに肯くと、崔大使は続けて日米首脳会談のエピソードを開陳した。

「日本の首相はいつも、アメリカの大統領が就任すると、いちばん先にワシントンを訪問して挨拶しようと必死になります。今度のオバマ大統領の2期目の開始のときも同様で、昨年12月に首相に就任した安倍は、執拗にワシントン訪問を画策した。

首脳会談はようやく2月22日に実現しましたが、オバマ大統領が安倍首相に与えた時間は、わずか1時間。しかも、『TPP（環太平洋パートナーシップ協定）の話をメインにする』とテーマを設定して、日本が単なる経済的なパートナーにすぎないことを示したのです」

日本を見下すエピソードを告げて習近平主席の歓心を買うのは、中南海では日常茶飯事だった。だがこれは、東京の安倍首相官邸とて同様だ。安倍首相は何よりも、習近平主席や中国の間の抜けたエピソードを聞くのを喜ぶ。

こうした話を縷々《るる》聞いた習近平主席は、自説を述べた。

「中国はアメリカと対等の立場だ。いまの時点ではそうでないかもしれないが、『二つの100年』（2021年の中国共産党100周年と2049年の建国100周年）によって、それを実現させたい。今回の訪米は、そのための礎石としたいのだ」

習近平主席は続いて、「軍事問題の師匠」呉勝利海軍司令員の持論である「太平洋二分割論」について言及した。

「この考えは、私が唱えている『中華民族の偉大なる復興という中国の夢』と合致する。太平洋の西側は、そもそもわが国の海なのだ。この考えをオバマ大統領に浸透させたい」

こうして習近平政権の対米外交戦略である「新型の大国関係」のシナリオが作られていった。

「あまり有能とはいえない指導者」

6月7日夕方5時、太平洋側からの西陽が差し込むカリフォルニア州サニーランズにあるアネンバーグ農園の正門に、習近平主席を乗せたリムジンが到着。待ち受けていたオバマ大統領と、がっちりと握手を交わした。すでに政権5年目に入ったオバマ大統領は、いつもの作り笑いを浮かべ、「新米」の習近平主席は、やや緊張した表情のままだった。

ノーネクタイのカジュアルな出で立ちで握手するオバマ米大統領（右）と習近平国家主席（左）（ロイター＝共同）

このときの米中トップの「初顔合わせ」は、異例ずくめだった。第1に、前任の胡錦濤主席が訪米したのは、国家主席に就任して3年以上経った2006年4月だったが、習近平主席は、就任わずか3ヵ月足らずである。第2に、7年前にブッシュ大統領が胡錦濤主席をホワイトハウスのオーバルオフィスに迎え入れたときの米中首脳会談は約3時間だったが、このときの会談は1泊2日で、計8時間以上に及んだ。第3に、会談場所がホワイトハウスではなく西海岸の農園。両首脳はノーネクタイで「胸襟を開いて」会談した。

これらはすべて、アメリカ側からの提案だった。いかにオバマ大統領が、習近平主席というアジアの新リーダーに、期待を寄せていたかが分かる。

オープニングの会談は、双方6人ずつの少人数で行った。中国側は習近平主席を中心として、王滬寧、楊潔篪、王毅、栗戦書、崔天凱が並び、アメリカ側はオバマ大統領、ライス補佐官、ケリー国務長官らが並んだ。会談の冒頭で習近平主席が発言した。

「総統先生（オバマ大統領）、『陽光の里』まで招待してくれて嬉しく思う。ここは太平洋から近距離にあり、太平洋の向こう側は中国だ。私は昨年（2月に国家副主席として）訪米した際、『広大な太平洋は、中国とアメリカという両大国を受け入れる十分な空間がある』と述べた。いまでもそのように思っている。太平洋をまたぐ提携を発展させたい」

習近平主席は、このようにまずは「言いたいこと」の半分だけを、控えめに述べた。そしてその後の会談で、満を持してこう力説したのだった。

「中米双方は、両国民の基本的な利益を重視するという観点から、また人類全体の進歩発展に貢献するという観点から、新しい思考で積極的に行動すべきだ。そこで、『新型の大国関係』の構築に向けて、ともに進んでいこうではないか」

習近平主席が提起した「新型の大国関係」とは、要は次のような主旨だった。

「世界は、中国とアメリカが牽引していくG2時代を迎えた。これからは太平洋の東側、すなわちアメリカ大陸とヨーロッパは、アメリカが責任を持って管理する。一方の太平洋の西側、すなわち東アジアは、中国が責任を持って管理する。つまり東アジアのことは、基本的に中国に任せてほしい。そのような『新型の大国関係』を築こうではないか」

習近平主席の意図は、事前にオバマ大統領に伝わっていた。4月13日にケリー国務長官が訪中し、習近平主席に面会していたからだ。そこでオバマ大統領は、こう回答した。

「米中関係は、両国にとって、またアジア太平洋、ひいては世界にとって、たいへん重要である。今回私は、米中関係を高度に重視するものだ。互利互恵の基本の上に立って、新たな提携の方法を考えていこうではないか。

アメリカは、中国が大国として、継続して平和的に発展していくことを歓迎する。平和で安定し、繁栄する中国は、アメリカと世界にとって望ましい」

オバマ大統領はこのように、前述の2009年11月と2011年1月に発表した「米中共同声明」の枠内の発言に終始した。換言すれば、習近平主席が唱える「新型の大国関係」という概念について、アメリカは合意することを「保留」したのである。

このときは、2日間で計8時間以上かけて、米中間の貿易と投資、ドルと人民元の為替、TPP、RCEP（東アジア地域包括的経済連携）、サイバーテロ、北朝鮮、南シナ海、尖閣諸島など、多岐にわたる問題を話し合った。アメリカの外交関係者は後にこう述べた。

「このときのわれわれの最優先目的は、習近平新政権と何かを決めることではなくて、習近平という新指導者について見極めることだった。習近平主席は終始、緊張した面持ちで、準備してきた書面を読み上げるばかりだった。そして何度となく、横に座った楊潔篪や王滬寧らに助け船を求めた。習近平主席は、プライドは高そうだが、あまり有能とは言えない指導者――われわれは初会談で、そんな評価を下した」

最高権力者に嚙みつく米メディア

ハプニングも起こった。初日の米中首脳会談を終えた後、歓迎ディナーの前に、アメリカ側からの提案で、オバマ大統領と習近平主席が揃って、簡単な記者会見を開いた。その際、いきなりAP通信の名物女性記者ジュリー・ペイスが、こう問い質《ただ》したのだ。

「オバマ大統領、中国のサイバーテロのハッキングによって、アメリカはどのくらいダメージを受けているのか？　そして大統領はあなたのカウンターパート（習近平主席）に、こんなことを続けていたらどんな目に遭うか警告したのか。

習近平主席にも聞きたい。あなたは中国がアメリカに対して、サイバーテロを仕掛けていることを認識しているのか。それに対して、アメリカが中国に、同様の復讐に出ると思うか。もしそうなるとしたら、中国のどの機関がターゲットになると思うか？」

オバマ大統領は途中で、あまりにあからさまなペイス記者の発言を遮《さえぎ》ろうとしたが、彼女は一気呵成にまくし立てた。そこでオバマ大統領は、「サイバーテロの問題はまだ詳しく話しておらず、ディナーで議題にする」と前置きし、いつもの癖で長々と弁明した。

続いて習近平主席も、当惑した表情で、「中国がサイバーテロを起こしているなどという話は、ここへ来る数日前に外国のマスコミ報道を見て初めて聞いた」と取り繕った。そのうえで、「中国もサイバーテロの被害者である」と開き直ったのだった。

この不愉快な会見を終えた後、硬い表情を崩さない習近平主席に、楊潔篪がささやいた。

「2006年に胡錦濤主席が訪米した際には、(国家転覆をもくろむ異端宗教と中国政府がみなす) 法輪功《ほうりんこう》のメンバーを記者団に入れたり、政府のスポークスマンが台湾の国名を読み上げたりしたのです。アメリカとはそんな国ですよ」

用意周到な韓国取り込み工作

このように、習近平新政権にとって、対米外交は「難産」だった。

ただ、発見もいくつかあった。最大の発見は、王滬寧党中央政策研究室主任が「使える男」だと惚れ直したことだった。

王主任は前述のように1995年、江沢民主席が同じ上海出身者ということでブレーンに抜擢した。通常は「一朝の天子が代われば臣下も代わる」という中国の諺を地で行く中南海だったが、2003年に政権を引き継いだ胡錦濤主席は王滬寧を手放さなかった。

江沢民派との全面的な権力闘争を開始した習近平主席は、当初は王主任を切るつもりでいた。だが、適当な後任も見当たらなかったので、周囲の薦めもあり、しばらくは留任させることにした。それがオバマ大統領との「8時間会談」で、王滬寧は八面六臂《ろっぴ》の活躍ぶりを見せた。アメリカ首脳との会話に慣れない習近平主席は、時に返答に困ったり、誤解を与えかねないような発言をした。そのたびに王主任は、習主席の発言を引き継いで、当意即妙にフォローし、完璧な立ち振る舞いを見せたのだ。

習近平は、あれだけ江沢民を嫌っていた胡錦濤が、王滬寧を手放さなかった理由が、初めて分かった。そして自分もまた、傍らに置き続けることにしたのだった。

「あの訪米以降、習近平の王滬寧に対する態度が豹変し、以後はどこへ外遊に出るときも、習主席の隣席が王主任の指定席になった。王滬寧は2度、離婚して独身だったが、習近平夫人の彭麗媛が、知り合いの若い看護師とお見合いさせた」（同・中国の外交関係者）

「習近平外交チーム」は、アメリカへの対抗策として、アジアの周辺国を取り込む必要性を再認識した。

その際、「支点国」の外交概念を定めた。これは、アジア六十数ヵ国を北東アジア、東南アジア、南アジア、中央アジア、西アジア、南太平洋の6地域に分類。おのおの「支点国」と呼ぶ国家を定めて、重点的に攻勢をかけていくというものだ。この概念は、後の「一帯一路」（シルクロード経済ベルトと21世紀海上シルクロード）、ＡＩＩＢ（アジアインフラ投資銀行）にも活用されていく。再び中国の外交関係者が語る。

「『支点国』の条件は、①地域の強国、②中国との関係が良好、③中国と核心的な国益の対立がない、④アメリカとの関係が比較的良好（国際的なリスクが少ない）、という4点だった。この条件に照らし合わせ、北東アジアは韓国、東南アジアはインドネシア、南アジアはパキスタン、中央アジアはカザフスタン、西アジアはサウジアラビア、南太平洋はオーストラリアを、『支点国』に定めた。

その際、『中国と支点国との関係が、日本と支点国との関係を上回る』ことを短期目標とし、『アメリカと支点国との関係を上回る』ことを中長期目標とした」

習近平政権はまず、アメリカの東アジアにおける日本と並ぶ同盟国の一角、韓国の取り込みを図った。実際、歴史問題を巡って安倍政権を憎んでいる朴槿恵政権を取り込むことには、やすやすと成功した。6月27日から30日まで、朴槿恵大統領が訪中したのだ。

朴槿恵大統領は2月25日の大統領就任式で、「アメリカ、中国、日本、ロシアなど域内国家との信頼を重ねていく」と演説。中国を日本よりも先に挙げた初めての韓国大統領となった。かつ、安倍首相特使として大統領就任式に参列した麻生太郎副総理兼財務相を待たせて、タイのインラック首相と先に会見し、安倍政権を唖然とさせたのだった。

歴代の韓国大統領が、就任後第1にアメリカを、第2に日本を訪問するのが慣例だったことを思えば、朴槿恵大統領のアメリカに次ぐ中国訪問は、3度目の慣例破りということになった。朴槿恵大統領は、このときの訪中を「心信之旅」と名付け、韓国で「真実」を示す純白のスーツに身を包んで、北京首都国際空港に降り立った。その際、71名の財閥トップら経済代表団を帯同した。

人民大会堂で開かれた習近平主席との中韓首脳会談は、双方笑顔の中で和やかに進ん

北京の人民大会堂で行われた中韓首脳会談。満面に笑みを浮かべて握手する中国の習近平国家主席（右）と韓国の朴槿恵大統領（共同）

だ。会談後、両首脳は8点の協議文書に署名し、「中韓の未来へ向けた共同声明」を発表した。5100字に及ぶ両国の全面的協力関係構築を謳った共同声明は、国交正常化21年にして「政熱経熱時代」が到来したことを物語っていた。

夜は、人民大会堂最大の宴会場「金色大庁」で、習近平主席主催の盛大な歓迎会が催された。同時刻に北京のオリンピックセンターでは、K－POPコンサートが行われた。

習近平主席は翌日の午餐《ごさん》も、今度は釣魚台国賓館の「養源斎《ようげんさい》」に、朴槿恵大統領を招いた。多忙を極める習近平主席が、2日連続でみずから接待するというのは、その後も例がない。両首脳は、2日間で計7時間25分も語り合った。

「養源斎」では互いに少人数で、ランチを共にした。中国側参加者は習近平夫妻、楊潔篪国務委員、王毅外相ら。韓国側は朴槿恵大統領、尹炳世《ユンビョンセ》外相、朱鉄基《チュチョルギ》大統領外交安保担当主席秘書官らだった。朴槿恵大統領は喜々として彭麗媛夫人に話しかけ、「私は20代で父（故・朴正熙大統領）のファーストレディを務めていたのよ」と言って、当時の思い出話をいくつも披瀝《ひれき》した。

このとき、朴槿恵大統領は前日に続いて習近平主席に、「ハルビン駅に安重根《アンジュングン》烈士の記念碑を建ててほしい」と要請した。安重根は1909年10月26日に、ハルビン駅で日本の初代総理伊藤博文を射殺したテロリストだが、韓国では救国の英雄に祭り上げられている。安重根を知らなかった習近平主席は、前日は適当に応対していたが、2度も言われると、「何とかしましょう」と答えざるを得なかった。

朴槿恵大統領は午後、中国共産党序列2位の李克強首相、同3位の張徳江全国人民代表大会常務委員長（国会議長）とも会談し、夜には李首相主催の晩餐会が開かれた。翌日は、習近平主席の母校・清華大学で講演した後、西安へ向かった。西安では、大好きな歴史遺跡を見学すると同時に、建設中のサムスン電子の巨大工場を視察したのだった。

TPPで巻き返しを図る日本

こうした「中韓蜜月」を苦々しく見守っていたのが、日本の首相官邸だった。7月21日に参議院選挙で圧勝すると、安倍首相は満を持してTPP交渉への参加を表明した。日本の参加表明で、交渉参加国は12ヵ国となったが、日米両国で全体の81％もの経済規模があったので、以後は日米交渉が、交渉全体を主導していくことになる。

安倍首相にとってTPPとは、単なる多国間の自由貿易システムではなく、日米が中心となる新たな「中国包囲網」にほかならなかった。

第一次安倍政権下の2006年11月、当時の麻生太郎外相が、「自由と繁栄の弧」と呼ぶ日本外交の方針を発表した。これは、自由と民主主義を標榜する国々——日本、韓国、フィリピン、オーストラリア、タイ、インド、トルコなどで、台頭する中国を封じ込めてしまおうという構想だった。

だがこの構想は、二つの事由によって挫折を余儀なくされた。一つは、中国の周辺国の多くが、すでに中国を最大の貿易相手国としていたので、乗り気でなかったこと。もう一つは、安倍政権そのものが、2007年9月に崩壊してしまったことである。

だが安倍首相は、諦めていなかった。2013年の時点で、東アジアの多くの国と地域が、軍事的にはアメリカを頼り、経済的には中国を頼っていた。そこで東アジアに、社会主義国の中国が乗り越えられないレベルの自由貿易体制を敷いて、経済と貿易の主導権を、中国から奪い返そうともくろんだのである。安倍首相は、「TPPが単なる多国間貿易協定ではない」ことを示すために、アメリカの代表をフロマン米通商代表部（USTR）代表から、軍か諜報機関の幹部に代えてほしいと、オバマ政権に要請したほどだった。

これに対して、習近平政権は当初、RCEP（東アジア地域包括的経済連携）の早期妥結を図ることで、TPPに対抗しようとした。RCEPは、東アジア共同体構想のメンバーである16ヵ国、すなわちASEAN10ヵ国と、日本、中国、韓国、インド、オーストラリア、ニュージーランドによる自由貿易協定である。この協定が実現すれば、人口で世界の半数、GDPと貿易額で世界の3割を占める広域経済圏が、アジアに出現することになる。RCEPの最大のポイントは、アメリカが参加していないことだった。

RCEPは2011年11月に、ASEANが提唱して始まった。習近平政権はアジア最大の経済大国として、このRCEP交渉の主導権を握り、2013年5月にブルネイで交渉の第1回会合を開いたのだった。だがRCEP交渉は、日本がTPP交渉を優先させたことなどから、早々と暗礁に乗り上げてしまった。

経済オンチの習近平が頼るブレーン

その間にも、中国経済はピンチを迎えていた。シャドー・バンキングと呼ばれる非正規融資の総額は30兆元規模に達し、地方債も約20兆元に上っていた。6月20日に、上海銀行間取引金利（SHIBOR）が13・44％まで上昇し（一般預金金利は約3％）、銀行の信用が失墜した。6月25日には、日経平均株価にあたる上海総合指数が、悪夢の1849ポイントまで落ち、1億8000万人の「股民《グーミン》」（個人投資家）が多額の損失を出した。

こうした中、経済分野に疎《うと》い習近平主席は、途方に暮れてしまった。本来なら経済分野は、国務院総理の李克強首相が担当するはずである。だが習主席は、つい最近まで最大のライバルだった男への警戒心を解いておらず、大きな権限を与えていなかった。

このとき習主席が頼ったのは、「北京101中学」の同級生で、経済学者の劉鶴《りゅうかく》だった。劉鶴は、習主席より1歳年上の1952年北京生まれで、中国人民大学で経済学の学位と修士号を取り、米ハーバード大学に留学。帰国後は社会主義計画経済の司令塔だった国家計画委員会（現在の国家発展改革委員会）に勤務した。

その後、目立った活躍はしておらず、江沢民時代と胡錦濤時代には、陽の当たらない傍流を歩んでいた。2003年3月から2011年3月まで、党中央財経指導小グループ弁公室副主任を務めていたが、胡錦濤時代にこの小グループは形骸化した部署だった。

それが2013年3月、習近平政権の発足に伴い、党中央財経指導小グループ弁公室主任に抜擢された。習近平主席は、江沢民派が多い党中央政治局常務委員会（トップ7）や、李克強首相率いる国務院（中央官庁）を信用していなかった。そのため、この小グループを中国経済の司令塔に据えたのである。併せて劉主任に、国務院で最も権威が高い国家発展改革委員会の副主任（副大臣）も兼務させた。

劉鶴主任の後を継いで、党中央財経指導小グループ弁公室の副主任になったのが、劉主任と長年気心の知れた楊偉民だった。楊偉民は、1956年に吉林省に生まれた。文化大革命で重労働を強いられる青春時代を送った後、１９８２年に地元の吉林大学経済学部を卒業した。その後、北京へ出て中国人民大学で工業経済を学び、日本の一橋大学にも留学。１９８９年に、国家計画委員会に入省し、国家発展改革委員会書記長を経て、２０１１年６月に、党中央財経指導小グループ弁公室副主任に就任した。

この劉主任と楊副主任のコンビには、二つの特徴があった。一つは二人とも長年、中国の官界や経済界で、けっして日向の道を歩んできたわけではない苦労人ということ。もう一つは、日本との縁である。劉主任は、「中国経済が学ぶべき点は、良いことも悪いことも、先進国の先輩である日本にある」というのが持論だった。日中関係が冷え込んでいた小泉純一郎政権時代にも、日本詣でをしていた数少ない中国の経済学者だった。悔やまれるのは、当時の霞が関が、傍流を歩いていた劉主任に冷淡だったことだ。

一方の楊副主任も、劉主任とともに「日本に学べ」と唱える日本留学組である。二人は、アメリカ留学を誇るグループが圧倒的に主流を占める中国の経済学界では、非主流派グループに属していた。

副主任は他に二人いたが（その後計5人に増加）、劉主任は楊副主任を伴って、たびたび中南海の「習弁《シーバン》」（習近平総書記弁公室）を訪れた。習近平主席は、劉主任に絶対的な信頼を寄せていたが、劉主任の右腕である楊副主任のことも気に入っていた。

習近平主席は、劉主任や楊副主任のようなエリート臭さのない苦労人が好きだった。逆に、北京大学を出てアメリカに留学し、英語をペラペラ操るような洗練された知性派は苦手で、信用しなかった。

「一帯一路」とAIIB

劉主任と楊副主任は、習主席に向かって、「アメリカへの対抗となり、かつ中国の持続的な経済発展をもたらす一挙両得の策」を説いた。

「わが国は、改革開放初期の1980年代から90年代にかけて、すなわち鄧小平、江沢民時代には、世界の多国籍企業を誘致し、『世界の工場』として、高度経済成長を果たしました。続いて21世紀に入って胡錦濤時代を迎えると、13億の国民に購買力がついてきたことから、今度は『世界の市場』として、引き続き高度経済成長を続けました。

ところが現在の中国経済は、2008年の4兆元の財政出動の後遺症もあって、生産過剰に陥り、地方債は膨らむ一方で、地方自治体はどこも苦しんでいる。そうかといって、先進国向けの輸出は鈍化し、中国国内の消費も伸び悩んでいるので、政府がこれ以上、景気テコ入れのために固定資産投資を増やしても、新たな負債を生むだけです。

その一方で、中国の周辺国を見てください。ADB（アジア開発銀行）の試算によれば、アジアには2010年から2020年までに、計8兆ドル規模のインフラ建設が必要です。その内訳は、電力4兆886億ドル、道路2兆3405億ドル、港湾756億ドル、鉄道386億ドル、空港112億ドル、衛生2274億ドル、水道1537億ドル、携帯電話6909億ドル、固定電話3647億ドルです。

　それに対して、ADBは需要の2割しか供給できません。つまり、中国国内で持て余しているカネやモノ、技術を、中国の周辺国は必要としているのです。まさにこの点にこそ、中国経済が復興し、かつ周辺諸国も中国に靡《なび》くようになるポイントがあります」

　習近平主席は、栗戦書党中央弁公庁主任とともに、熱心に聞き入っていた。

　ここから劉主任と楊副主任は、「一帯一路」（ワンベルト・ワンロード）とAIIB（アジアインフラ投資銀行）という二つのアイデアを開陳したのだった。

　まず、「一帯一路」とは、「シルクロード経済ベルト」（一帯）と、「21世紀海上シルクロード」（一路）からなる。「シルクロード経済ベルト」は、中国からユーラシア大陸を西へ向かってインフラ整備していき、ヨーロッパへ至るルートだ。いわば古代に漢帝国とローマ帝国を結んだシルクロードの現代版である。

　また、「21世紀海上シルクロード」は、東シナ海、南シナ海、インド洋とインフラ整備をしていき、やはりヨーロッパへ至る海上ルートである。こちらは、15世紀前半の明《ミン》の永《えい》楽《らく》帝時代に、アフリカまで大遠征を行った鄭和《ていわ》（1371年～1433年）の艦隊が辿ったルートの現代版だった。鄭和は約300隻、3万人を引き連れ、計7回にわたって、東シナ海から南シナ海、インド洋へと遠征し、各国との交易に努めた。

アジアにおける陸上と海上のインフラ整備を、中国が主導権を取って行うことで、中国国内の生産過剰を打破するとともに、周辺諸国を中国に従属させようとしたのだった。具体的には人民元の流通、政策の共通、道路の開通、貿易の盛通、民心の相通という「五通」を目指した。

「一帯一路」を成功させるためには、中国が主導権を取る持続的な資金供給システムが必要である。いくら世界最大の外貨準備があるとはいえ、中国政府の国庫には限界があったし、長期的なリスクを負う気もなかった。そこで、アジアのインフラ整備のための国際開発銀行ＡＩＩＢを、北京に設立することにしたのである。

劉鶴主任と楊偉民副主任が、ＡＩＩＢ設立を習近平主席に進言した背景には、中国経済悪化のほかにも、主に次の4点があった。

第1に、人民元の国際化を図った胡錦濤政権の挫折である。中国は、２００８年秋のリーマン・ショックを機に、戦後60年以上続いてきた米ドル中心の世界金融秩序である、いわゆるブレトンウッズ体制に挑戦しようとした。具体的には、人民元を国際通貨にすること、およびＩＭＦ（国際通貨基金）と世界銀行で中国が主導権を取ることなどである。

ところがアメリカに加え、ＥＵと日本という先進国グループが主導するブレトンウッズ体制は強固で、突き崩すことはできなかった。

第2に、「世界銀行アジア支店」とも言うべきＡＤＢでの挫折である。こちらも

１９６６年の創設以来、９代続けて日本人（財務官僚８人と日本銀行官僚１人）が総裁職を牛耳っていて、アメリカをバックにした日本の牙城は容易に崩せなかった。

第３に、習近平主席がオバマ大統領に提唱した「新型の大国関係」である。このスローガンを掲げて中国は、「アジアの盟主」を目指すことにしたが、それには中国が主導し、司令塔となる金融機関が必要だった。

第４に、胡錦濤政権はアメリカ国債を大量に購入することで、アメリカに対する発言権を維持しようとしたが、その限界が見えてきたことである。２０１３年８月時点でのアメリカ国債の海外の保有国は、１位が中国で１兆２６８１億ドル、２位が日本で１兆１４９１億ドルだった。だが中国も日本も、たかだか全体の８％ほどを占めているにすぎず、アメリカ国債の約３分の２は、依然としてアメリカ国内で保有されているのである。しかも、この先アメリカで、２００８年のような金融危機が再来したら、１兆ドル以上もアメリカ国債を保有している中国のリスクは、計り知れなかった。

習近平主席は、二人の知恵袋が提案した「一帯一路企画案」と「ＡＩＩＢ企画案」に、いつも批准に使っている卓上の赤鉛筆で、大きく裁可のサインをしたのだった。

失地挽回を図るアジア周辺外交

９月７日、中国とロシアに挟まれたカザフスタンを訪問した習近平主席は、首都アスタナのナザルバエフ大学で、「シルクロード経済ベルト」について初めて言及した。

「われわれの住むアジアとヨーロッパとの関係をさらに緊密なものとするため、『シルクロード経済ベルト』をともに建設していこうではないか。東アジア、西アジア、南アジアを結ぶ交通輸送網を築くのだ」

続いて10月3日、習近平主席は、インドネシアAPEC（アジア太平洋経済協力会議）出席のために訪れたジャカルタの国会で、次のような演説を行った。

「中国はASEANにおけるインフラ建設を強化するため、ここにアジアインフラ投資銀行（AIIB）の創設を提唱する。中国はまた、21世紀の『海上シルクロード』をASEANと共同で建設していきたい。これらによって、2020年にASEANとの貿易額を、1兆ドル規模に持っていく」

ここで初めて、中国とASEANを結ぶ「21世紀海上シルクロード」、およびそれを支えるAIIBの創設を提唱したのだった。

習近平主席が別個に提起した「シルクロード経済ベルト」と「21世紀海上シルクロード」は、まもなく「一帯一路」にまとめ上げられた。中央アジアでも東南アジアでも、「一帯一路」とAIIB構想に対する評判は、すこぶるよかった。資金不足で自国のインフラ整備が思うように進まないアジア諸国にしてみれば、中国が「打ち出の小槌」のように見えたのである。AIIBの任務を託された財政部関係者が語る。

「習近平主席が２０１２年暮れに発令した『八項規定』（ぜいたく禁止令）によって、財政部の接待費は75％もカットされ、われわれは意気消沈していたが、これで勢いづいた。江沢民時代と胡錦濤時代には、『口先だけの宣言』が多かった。何か方針をブチ上げても、それでおしまい。進める組織も旗振り役も予算もなく、いつのまにか消えているというパターンだった。

これに対して、習近平主席は一度宣言したら、必ず実行する。その計画の責任者が怠けていると、すぐに『腐敗分子』のレッテルを貼って粛清してしまう。そのため、習近平主席が提唱したＡＩＩＢ構想を実現すべく、２０１３年10月に、財政部の史《し》耀斌《ようひん》副部長（副大臣）直轄で、国際財金提携局に『ＡＩＩＢ設立活動グループ』を設置。ＡＳＥＡＮを中心とするアジア各国に、参加を呼びかけていった」

「反《ファン》敗《バイ》為《ウエイ》勝《シエン》」（敗北を勝利に変える）――中国経済の失速を挽回すべく、習近平政権のアジア周辺外交が始動したのだった。

第2章

東アジア緊迫
(2013年秋〜2014年春)

沖縄県・尖閣諸島魚釣島沖の領海内で、中国の海洋監視船「海監49」(左)の動きを監視する海上保安庁のゴムボート(共同)

人民解放軍の暴走

「本日、午前10時をもって、釣魚島（尖閣諸島）海域一帯に、防空識別圏を設定する。今後、この空域をわが国に許可なく通行することを禁じ、指示に従わない航空機に対しては防御的緊急措置を講じる」

2013年11月23日、中国国防部が突然、発表した。この「臨時ニュース」を伝えた中国中央テレビの番組に、強硬派の代弁者である人民解放軍の羅援《らえん》少将が登場した。

「今回の東シナ海での防空識別圏の設定は、今後の作戦行動の序の口にすぎない。今後は南シナ海や黄海にも同様の措置を取る。自国の海を防衛していくのは当然のことだ」

勤労感謝の休日だった日本は、まさに青天の霹靂だった。週明けの25日午後、外務省トップの齋木昭隆《さいきあきたか》事務次官が程永華《ていえいか》駐日大使を外務省に呼んで、厳重抗議を申し入れた。

「程大使は午後4時過ぎ、予定より2時間近くも遅れて、硬い表情で外務省にやってきた。齋木次官が、『事前の話し合いもなく防空識別圏を設定するのは非常識だが、民間航空機まで対象にするというのも世界に例がない』と非難すると、程大使は押し黙ってしまった。程大使は、特命全権大使という肩書ながら、軍事分野に関しては権限も知識も持たないメッセンジャーにすぎなかった。それを見ても、中国外交部を無視して、習近平主席と人民解放軍が暴走したことは明らかだった」（外務省関係者）

沖縄県・尖閣諸島。（手前から）南小島、北小島、魚釣島（共同）

それでも、尖閣諸島を含む地域に勝手に防空識別圏を設定された日本側の怒りは、収まらなかった。25日の参議院決算委員会で、安倍首相は憤った。

「わが国固有の領土である尖閣諸島の領空が、中国の領空であるかのごとき表示をしており、まったく受け入れることはできない。中国による力を背景とした現状変更の試みには、わが国の領海領空を断固として守り抜く決意で対応する」

習近平主席は、日本の狼狽ぶりなどどこ吹く風で25日、極秘裏に山東省青島《チンタオ》の北海艦隊基地に降り立った。青島基地は、浙江省寧波《ねいは》の東海艦隊基地、広東省湛江《たんこう》の南海艦隊基地と並ぶ中国海軍の要衝だ。習主席は、すでに氷点下近い寒さの中、翌朝に初の遠洋航海訓練を控えた空母「遼《りょう》寧《ねい》」の乗組員たちを整列させて、甲板の上で叫んだ。

「能打勝仗《ナンダーシェンジャン》、打贏戦争《ダーインジャンジェン》！」（戦闘能力を高めて攻撃ができるようにし、戦争に勝て！）

「遼寧」は、人民解放軍が保有する唯一の空母である。旧ウクライナの空母「ワリョーシャ」を大幅に改修し、２０１２年9月25日に、海軍に引き渡された。２０１３年8月28日に、習近平は大連軍港に停泊していた「遼寧」に搭乗。「初めて空母に乗って、人民解放軍の偉大な能力に感動した」と感想を述べた。そしてこのとき、自前の空母の建造を急ぐよう指示したのである。

その「遼寧」が、いよいよ初めて遠洋に航海するということで、わざわざ北京から激励に来たのだった。翌26日早朝、「遼寧」は、ミサイル駆逐艦「瀋陽《しんよう》」「石家荘《せっかそう》」、ミサイル護衛艦「煙台《えんたい》」「濰坊《いぼう》」など、多くの艦艇を伴って、南シナ海へ向けて出港した。このときの航海は、その後の南シナ海における岩礁埋め立てを見越したものだった。

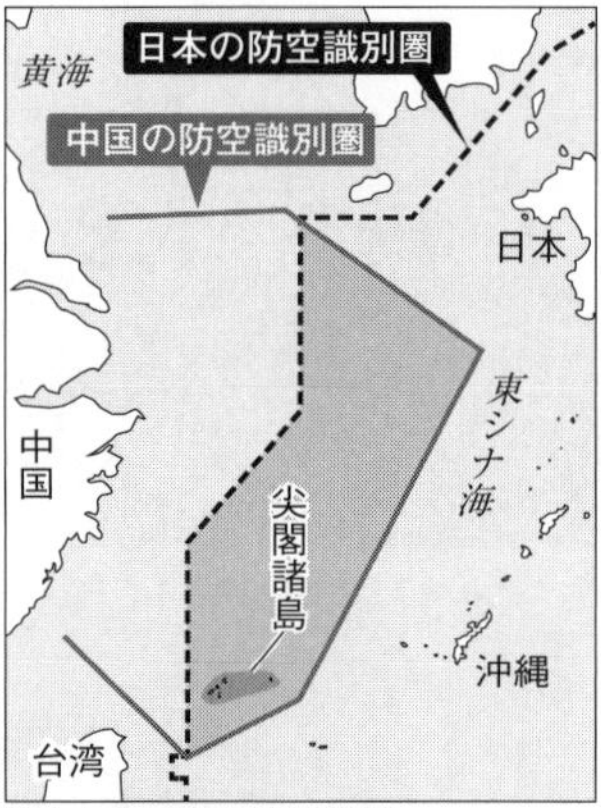

日本と中国の防空識別圏

25日、習主席は山東省沂蒙《ぎもう》にある抗日戦争記念館も訪問。尊敬する毛沢東主席が揮毫《きごう》した高さ45ｍの「革命烈士記念塔」をバックに、再び激しい訓示を垂れた。

「この地でかつて、21万のわが軍が日帝に抗戦し、10万もの烈士が犠牲となったことを忘れてはならない！」

常態化する威嚇行為

実は、中国から日本への「威嚇行為」は、7月からエスカレートしていた。7月3日、中国海軍のミサイル駆逐艦やフリゲート艦など7隻の艦隊が、対馬海峡を北上した。このうちの5隻は14日、初めて北海道の宗谷海峡を通過。25日には沖縄本島と宮古島の間の海域を通過し、日本列島を一周したのだった。24日には、中国空軍のY8早期警戒機が、沖縄本島と宮古島の間の上空を通過し、初めて東シナ海と太平洋間を往復飛行した。

中国初の空母「遼寧」（新華社＝共同）

人民解放軍は7月8日から11日まで、「海の共同作戦2013」と命名した過去最大規模の中ロ合同軍事演習を、初めて日本海沖で強行した。北海艦隊と南海艦隊から、ミサイル駆逐艦やフリゲート艦など7隻が派遣された。

習近平主席は7月22日、「中国海警局」を発足させた。これは、海洋警備を担当する国家海洋局の中国海監、農業部漁政局の中国漁政、公安部の辺防海警部隊、中国海関総署の海上警察の4部局を国家海洋局に統合させ、日本などに対抗できる強力な機関としたのだ。中国海警局のトップには、福建省時代からの子飼いである劉賜貴《りゅうしき》を据えた。

中国海警局は早くも26日に、4隻の警備船を尖閣諸島周辺の日本の領海内に侵入させた。海上保安庁の警備艇が近づくと、「釣魚島および付属の島々は古来、中国固有の領土であり、ただちにわが領土から立ち退きなさい！」と無線を使って大声で叫んできた。

ほかにも、中国が東シナ海の日中中間線近くで、新たに7ヵ所のガス田を開発中であることが明らかになり、日中間に緊張が走った。東シナ海のガス田は、２００８年5月に胡錦濤主席が来日した際、日中が共同開発することで合意していた。

「戦争になったら必ず勝て！」

安倍首相は7月29日、齋木昭隆次官を北京に派遣した。齋木次官は、安倍首相が最も厚い信頼を置く外交官だった。２００２年9月に小泉純一郎首相が電撃訪朝したとき、当時の安倍官房副長官と齋木アジア大洋州局参事官は、ともに随行者で、かつ対北朝鮮強硬派の「同志」だった。このとき以来、齋木氏は安倍氏の「外交顧問」的存在になっていた。

安倍首相は２０１３年6月28日、河相《かわい》周夫《ちかお》外務次官を、在任わずか9ヵ月あまりで退任させ、意中の齋木外務審議官を外務次官に抜擢した。そして翌7月、「新任の挨拶」という理由をつけて、齋木新次官を北京に送り込んだのだった。

齋木次官は、朝陽《ちょうよう》門交差点の南東側に聳《そび》える中国外交部で、旧知の王毅外相（元駐日大使）や劉振民《りゅうしんみん》外交部副部長と会談した。だが「新任の挨拶」とは名ばかりで、「中国の攻

齋木昭隆外務省事務次官（共同）

勢」を巡ってバトルを繰り広げた。

安倍政権は、「尖閣諸島は日本固有の領土であり、領土問題は存在しない」という立場を堅持していた。これに対し中国側は、「釣魚島（尖閣諸島）は中国固有の領土であるが、中日間で争議になっている」という立場だった。尖閣諸島は日本側が実効支配しているため、日本のほうが強い立場にあった。そのため中国としては、とにかく島の領有を巡って争議になっていることを、日本側に認めさせようと躍起になっていた。そしてそれがかなわない間は、習近平主席は安倍首相とは会わないという主張を繰り返した。

日中の外交当局者が中国外交部で非難合戦をしている間、習近平主席は人民解放軍の濃緑色の軍服に身を包んで、北京西郊の石景山《せっけいざん》区にある北京軍区司令部、通称「西山大《シーシャンダー》院《ユエン》」にいた。8月1日の人民解放軍建軍86周年を前に、軍幹部を鼓舞していたのである。

「諸君は、中国共産党の強軍の目標を、必ずや実現させるのだ。いつでも戦争ができるように準備し、戦争になったら必ず勝てるようにしておけ！」

齋木新次官が中国外交部幹部と2日目の交渉に入った7月30日、習近平主席は党中央政治局員（トップ25）を、中南海の「勤政殿《きんせいでん》」（故・毛沢東主席の接見室）に集結させ、「海洋強軍建設」に関する学習会を主催した。そして前日に続いて檄を飛ばした。

「海洋強軍の建設は、中国の特色ある社会主義事業の重要な一部であり、中華民族の偉大なる復興を実現させるための重大な任務なのだ！」

翌31日も、習近平主席は軍幹部たちに招集をかけ、北京西郊の中国人民革命軍事博物館東手にある12階建ての国防部の施設「八一大楼《バーイーダーロウ》」で、6名の軍幹部を最高位の上将に昇進させ、3日連続で「強軍」の目標を説いたのだった。

突撃する安倍首相

齋木次官から、「北京のものものしい雰囲気」について報告を受けた安倍首相は、眉を顰《ひそ》めた。だがそうは言っても、来《きた》るG20（主要国・地域サミット）で習近平主席に挨拶することにこだわった。「中国と敵対していては、米オバマ政権が味方についていてくれない」。これが、安倍首相の言いぐさだった。そのため外務省は、安倍首相と習近平主席が握手を交わせる算段を練り始めた。外務省関係者が語る。

「G20は、プーチン大統領の故郷、サンクトペテルブルクで、9月5日と6日に開かれるが、G20首脳会議は、その国のトップに就任した日付順に座る習慣があった。この習慣に従えば、2012年12月に就任した安倍首相の隣は、2013年2月に就任した朴槿恵大統領、そしてその隣は、同年3月に就任した習近平主席だった。つまり安倍首相は、朴槿恵大統領および習近平主席と、『自然な形で』話ができるというわけだった」

だが安倍首相を避けたい中韓両国も、対抗策を取った。外務省関係者が続ける。

「韓国は主催国のロシアに対して、着席は就任日順ではなく、国名のアルファベット順にしてほしいと申し入れた。だがそれでも『JAPAN』と『KOREA』が隣になると分かると、わざわざ『REPUBLIC OF KOREA』として申請した。

中国に至っては、『国家元首と非国家元首を同席させるのはおかしい』と主張した。国家元首である『格上』の習近平主席は、非国家元首である『格下』の安倍首相の近くには座らないということだ。結局、ロシアは『友好国』中国の主張を受け入れてしまった」

それでも安倍首相は、「アメリカの手前、どうしても習近平と握手をする」と言って聞かなかった。そこで外務省は、秘策を練った――。

G20が開かれるロシアへ向かう政府専用機の中で、安倍首相が随行の官僚に、「習近平は英語で何と呼ぶの?」と聞いた。官僚が「シージンピンと発音します」と答えると、安倍首相は何十回も、「シージンピン、シージンピン……」と唱えて練習した。

9月5日午後、G20首脳会議のメイン会場に、まずは非国家元首たちが到着。隣の広い控え室で談笑した。だが安倍首相だけは、入り口付近に影法師のように立っていた。

そこへ国家元首たちが到着した。安倍首相は習近平主席が控え室に入って来たとたん、

ロシア・サンクトペテルブルクで開催されたG20首脳会議で習近平にひと泡吹かせた安倍晋三首相（ゲッティ＝共同）

まっしぐらに駆け寄って行って握手を求めた。

「ミスター・シージンピン！　ナイス・トゥ・ミート・ユー！」

予期していなかった習近平主席は、反射的に右手を差し出したものの、緊張のあまり、身体が硬直してしまった。安倍首相は満を持して述べた。

「2006年10月、私は第一次政権の発足直後に訪中し、当時の胡錦濤主席との間で、戦略的互恵関係を結んだ。両国が新時代を迎えた現在、この戦略的互恵関係に基づき、早期に首脳会談を復活させ、発展した関係を築いていこうではないか」

安倍首相の言葉を外務官僚が英訳し、それを習近平主席の通訳が中国語訳したが、習近平主席はほとんど上の空だった。ようやく「両国の間には解決すべき問題（尖閣諸島問題）が横たわっており、良好な環境を作ることが必要だ」とだけ述べた。だがその間、緊張のあまり右手を硬直させていて、話し終わった後も安倍首相の手を放さなかった。

このときの二人の出会いは、G20における両首脳に対する「空気」を象徴していた。当時の安倍首相は、アベノミクスによる日本経済の復活が鮮明で、「主役」のような存在だった。

それに対して中国は、習近平主席の強い意向で、「軍国主義を復活させる日本vs.反ファシズムに対抗するG20」を演出しようとした。1945年9月2日、日本が降伏文書に署名して第二次世界大戦は終了した。その翌日にソ連が「反ファシズム勝利記念式典」を挙行したことから、ロシアと中国では9月3日を、「反ファシズム戦争勝利記念日」に定めている。中国としては、その記念日の2日後にロシアでG20が開かれるため、「反ファシズム」の気運を盛り上げて、「日本包囲網」を築こうとしたのである。

不発に終わる習近平外交

ところがG20は、シリア問題一色となった。8月21日にオバマ大統領が、「アサド政権が（反体制派に対して）化学兵器を使用していた証拠を摑《つか》んだ」として、シリア空爆を発表したからだ。それまでアメリカは、シリアへの武力行使は行わないとしていたが、方針を急転換させたため、国際社会は大騒ぎになったのである。

アメリカにとって重要なのは、「中国市場」よりも「軍事同盟国」となった。こうして日中両首脳の「外交第1ラウンド」は、安倍首相が貫禄を見せつけた格好となった。

安倍首相は、サンクトペテルブルクからブエノスアイレスに飛び、2020年の東京オリンピックを勝ち取った。いまから振り返ると、この頃が「安倍外交」の絶頂期だった。2013年年初に、東京・六本木の中国大使館から北京に、「安倍政権は短命に終わるだろう」との予測が送られていたが、中国は戦略の練り直しを迫られることになった。

習近平主席は、続く「外交第2ラウンド」ともいえる10月7日、8日のインドネシアAPEC（アジア太平洋経済協力会議）で、巻き返しを図った。だが結論を先に言えば、こちらでも習近平外交は「不発」に終わった。

元来、習近平主席の得意分野は、政治と軍事である。逆に苦手分野は、経済と外交だ。私は中国の官僚たちから、「習主席はマルクスは知っていてもケインズは知らない」「習主席はおそらくアルファベットを最後まで言えない」といった言葉を聞いたことがある。

さらに習近平主席にとって不運なことに、それまで驚異的な高度経済成長を誇ってきた中国経済に、暗雲が垂れ込め始めていた。そのためインドネシアAPECでの話題は、中国経済リスクへの懸念一色となったのである。防戦に回った習近平主席は、「攻撃は最大の防御なり」と孫子の兵法にあるように、AIIBや「一帯一路」構想をぶち上げたものの、この時点ではさほど注目されなかった。

「10月7日はプーチン大統領の61回目の誕生日だった。習近平主席は茅台酒《マオタイ》をプレゼントし、安倍首相は日本酒をプレゼントした。プーチン大統領が誕生日の晩、乾杯したのは茅台酒のほうだった。そう報告したら、習近平主席は大いに喜んだ」（中国の外交関係者）

中国は、こんなことで溜飲《りゅういん》を下げるしかなかったのである。習近平主席は、「他国があてにならないなら自国で活路を見いだす」との決意を固めて帰国した。そこから、11月23日の防空識別圏設定の発表につながっていった。

靖国神社参拝

この年の日中関係は、年末にさらに大きな騒動が待ち受けていた。

12月26日朝9時、習近平主席は、「トップ7」を全員引き連れて、天安門広場の中心に位置する毛沢東廟《びょう》を訪れた。この日は、習近平主席が誰よりも尊敬する故・毛沢東元主席の生誕120周年記念日だった。

習近平主席はそのまま30分間も、毛沢東の遺骸に拝礼していた。その姿は、皇帝が年に2回、天壇《てんだん》と地壇《ちだん》で天に向かって拝礼したという儀式を髣髴《ほうふつ》させた。習近平にとって毛沢東は、まさに「天帝」にあたる存在だった。

氷点下10度の寒さの中、厳かな気持ちで毛沢東廟の外に出た習近平主席は、横づけされた主席専用車に乗り込んだ。車には、ふだんは同乗しない秘書が乗っていた。秘書は習主席が乗ってくるなり「緊急ニュース」を告げた。

「安倍が、いまから靖国神社を参拝します。東京から『拝鬼《バイグイ》』（鬼のような日本軍を拝む）の至急電が入りました」

前月には国防部に指示して、東シナ海に防空識別圏を設定し、日本に対抗する態勢を整えたばかりだった。また、程永華駐日本大使を一時帰国させ、中南海で1時間以上も接見し、日本対策を練ったばかりだった。

「日本は抑え込める」というのが、軍人や外交官の結論だったはずではないか……。

習近平主席は、天安門広場の北西に位置する中南海の自宅に戻るまで、厳しい表情のまま、口を真一文字に結んで無言だったという。

2013年12月26日、靖国神社を参拝した安倍首相（共同）

親中派のアメリカ副大統領

２０１３年の年末、日本のほかにもう一つ、習近平政権にとって「麻煩《マーファン》」（やっかいなこと）が持ち上がった。それはまたしても、北朝鮮だった。

11月23日に中国が一方的に設定した防空識別圏を巡って、日中対立が激しさを増す中、気を揉《も》んだワシントンは、12月2日から6日までバイデン副大統領を、東京、北京、ソウルに派遣した。日本はこのとき、「仲裁役」というより日本に判官贔屓《ほうがんびいき》してくれる存在として、バイデン副大統領に期待を寄せていた。台頭する仮想敵国の中国が物騒な挙に出たのだから、アメリカは当然、同盟国である日本の味方に立ってくれると思ったのだ。

だがフタを開けてみれば、バイデン副大統領は、日本が求めていた中国に対する「防空識別圏の撤回を求める日米共同声明」を拒否した。12月4日にヘーゲル国防長官も、「防空識別圏自体に問題はない」と言い切った。

加えて、中国が設定した防空識別圏内を通過するアメリカの民間航空会社が毎日、中国側に通行許可を求める行為をやめさせることさえ拒否した。3日に行われた1時間の安倍・バイデン会談で、この「ホワイトハウス一の暇人」と揶揄《やゆ》される副大統領が主張したのは、「早く日中間でホットラインを作るべきだ」ということだけだった。

中国国営新華社通信は、勝ち誇ったかのように、2種類の記事を配信した。まずは、訪日に関する記事で、「バイデンは安倍の『3要求』をことごとく拒否した」というタイトルだった。

続いて、バイデン副大統領と習近平主席が、ガッチリ握手を交わす写真とともに、長文

12月3日、共同記者発表で笑顔を見せるバイデン米副大統領（左）と安倍首相（共同）だったが、会談ではバイデン副大統領は日本が求めていた日米共同声明を拒否するなど冷ややかな態度に終始した

の記事を掲載した。

〈5時間半に及んだ習近平・バイデン会談で、中米双方は、「新型の大国関係」づくりに向けて、対話、交流、提携を強化していくことで一致した。バイデン副大統領は、「米中関係は21世紀の最も重要な2国間関係である。習近平主席の卓越した戦略に則って、米中の『新型の大国関係』を築いていこう」と述べた……〉

思えばバイデン副大統領は、2011年8月に6日間も訪中し、その間、当時の習近平副主席が随行した。二人して1泊2日で四川省にも旅行している。

翌年2月には、今度は習近平副主席が、アメリカを5日間訪問。このときはワシントン、アイオワ州の農場、ロサンゼルスと、すべての日程にバイデン副大統領が随行した。バイデン副大統領は、「ワシントンで自分が最も習近平と

親しい」と吹聴して憚《はばか》らない政治家で、「二人の孫に中国語を学習させている」とも中国側に語っていた。

そんなバイデン副大統領が、習近平主席に語ったことで、新華社通信がまったく報じていないことがあった。バイデン副大統領は北朝鮮問題に関して、こう提案したのだった。

「いまの平壌は体制が揺れていて、たいへんなことが起こっている。あの若い指導者（金正恩第一書記）は、もうもたないのではないか？　そろそろ米中両国で、北朝鮮の体制崩壊後の統治の仕方について、真剣に話し合おうではないか」

12月４日、北京の人民大会堂でバイデン米副大統領（左）と握手する中国の習近平国家主席（ゲッティ＝共同）

習近平主席は、バイデン副大統領の突飛な提案を聞いて、驚いてしまった。中国内部で、金正恩政権崩壊後のシナリオについて話し合ったことなどなかった。そこで、「引き続き様子を見よう」と答えて、お茶を濁したのだった。

習近平を啞然とさせた金正恩の暴走

それから9日後の12月13日昼、習近平主席は「前日に張成沢《チャンソンテク》朝鮮労働党行政部長が処刑された」と伝える中国中央テレビのニュースを見て、愕然《がくぜん》とした。

「張成沢が、なぜ突然、処刑されたのだ？　朝鮮のナンバー2ではなかったのか？」

習近平主席は、すぐに楊潔篪《ようけつち》外交担当国務委員を呼びつけて、雷を落とした。

「これほど重要なニュースを、なぜ事前に私に伝えなかったのだ？　事前に分かっていれば、張成沢を救うこともできたではないか。痛恨の極みだ……」

楊潔篪は、「実は私も知らなかったのです」と正直に答え、陳謝した。

習近平主席は、よく周囲に、「自分は若いころ（文化大革命で）地獄を見たので、どんな話も恐れない」と語る。前述のように習主席は15歳から22歳まで、青春時代を陝西省の貧困地区の穴倉で過ごし、農村の重労働に従事させられた。そのため、「肝が据わった」政治家なのである。

だが、そのような習主席でも、北朝鮮のナンバー2張成沢党行政部長の「最期」を知ったときには、呆気に取られてしまった。刑場で近距離から機関銃を１００発近く撃ち込んだ後、火炎放射器を浴びせて、跡形もなく焼き殺してしまったとの報告を受けたのだ。

さらに隣国のニュースなのに、遠く離れた国交もないアメリカの指導者が知っていて、最も関係が深い中国が知らなかったことにも衝撃を受けた。バイデン副大統領は、張成沢の処刑が間近だということで、あのような提案をしてきたに違いなかった。

実は、ヒントはあった。張成沢が処刑される3日前の9日、平壌からいち早く情報を得た張成沢子飼いの池在竜《チジエリョン》駐中国北朝鮮大使は、中国外交部と国防部、中国共産党中央対外連絡部の各担当副部長（副大臣級）、それに個人的な付き合いがあった武東和《ぶとうわ》元駐北朝鮮中国大使に電話を入れた。「至急の用件で、今晩わが大使館で晩餐を共にしたい」。

金正恩に粛正された北朝鮮実力者の張成沢（左）。写真は2012年２月、軍事パレードを観閲した二人＝平壌（共同）

4人は何事かと思い、朝陽《ちょうよう》区日壇北路《にったんほくろ》にある北朝鮮大使館に駆けつけた。だが池大使は奥歯にモノが挟まったような口調で、「今後、何事が起こっても、わが国との血盟関係を維持してほしい」と繰り返し述べただけだった。このとき中国側の4幹部は誰一人、それが張成沢の処刑を意味していると気づかなかったため、中南海に報告を上げていない。

習近平は、過去に何度か張成沢と面会したことがあった。最後に会ったのは、２０１１年5月25日夕刻に、人民大会堂で開かれた中朝首脳会談の席である。このとき、習近平と張成沢は互いに、首脳会談の「主役」である胡錦濤主席と金正日総書記の陪席者だった。

この日、習近平は会談後の晩餐会まで、張成沢と同席した。張成沢は、実行力のある改革者には見えなかったが、毛沢東時代の中国のようないまの北朝鮮にあって、中朝間の橋渡しができるのは、金正日ファミリーの一員である張成沢しかいないだろうと感じた。

そのため、自分の時代になったら、張成沢を十分利用して中朝関係を進めていこうと決めていた。そんな期待の人物が、これからというときに誅殺《ちゅうさつ》されてしまったのである。しかも、処刑されたときの罪状には、中国と友好関係を築いたことまで挙げられていた。

先鋭化する中朝対立

２０１４年が明けると、習近平主席は、張成沢が中朝間の架け橋となって進めてきた北朝鮮東部の羅先《ラソン》経済貿易区と、西部の黄金坪《ホアングムピョン》・威化島《ウイホアド》経済特区への協力を凍結させた。この2ヵ所の経済特区は、中国の全面的な協力によって、北朝鮮経済復興の起爆剤となる予定だった。北朝鮮側では期待を込めて、「朝鮮の香港化計画」と呼んでいた。

中国に見捨てられた北朝鮮は、「中国一極依存体制からの脱却」を、２０１４年の外交目標に掲げ、まずは同胞である韓国との関係改善を模索した。1月31日の春節（旧正月）

をもって、互いに誹謗《ひぼう》中傷しないことを提案。北朝鮮の申善虎《シンソンホ》国連大使は記者会見を開いて、南北和解と米韓合同軍事演習の中止を訴えた。

だが韓国は、この和解案に乗らなかった。前年のこの時期の北朝鮮の暴走で、懲《こ》りていたからである。すると北朝鮮は手のひらを返したように、再度の核実験とミサイル実験をちらつかせ始めた。2月中旬には、朝鮮人民軍のサメ級潜水艦（325t）やサケ級潜水艦（130t）など約70隻が、黄海の沿岸で、危険な軍事演習を始めた。

たまりかねた中国は、2月17日から4日間、劉振民外交部副部長を訪朝させ、北朝鮮の朴宜春《パクウイチュン》外相と会談した。そして再び、中朝間で罵倒合戦が展開された。

劉「朝鮮は、わが国との経済特区建設を進めてきた責任者である張成沢党行政部長を昨年末に処刑した際、わが国に事前通告もしなかった。そればかりか、再び長距離弾道ミサイル実験や核実験の兆候が出始めている。朝鮮が再びこれらの実験を強行するなら、今度こそ中国は黙っていない」

朴「わが国は独立国家なのに、なぜ中国が指図するか。米帝（アメリカ）と南の傀儡（韓国）が核戦争につながる合同軍事演習を準備中なのだから、わが国が核やミサイルをもって対抗措置を取るのは、独立国家として当然の権利だ」

北朝鮮は、中国をあざ笑うかのように、訪朝団が帰国した翌21日に、新型放射砲「KN09」4発を、日本海へ向けて発射したのだった。27日にはスカッドミサイル（射程

220km）4発を発射。3月3日にも、射程500km以上のスカッドミサイル2発を発射。翌4日には、高射砲7発を、同じく日本海へ向けて発射した。

4日に発射した高射砲は、あろうことか成田発瀋陽《しんよう》行きの中国南方航空628便のわきを掠《かす》めた。この飛行機には乗客乗員合わせて220人が乗り合わせていて、すんでのところで大事故になるところだった。この報告を受けた習近平主席は激昂した。だが北朝鮮は16日、再び日本海に向けて、短距離ミサイルを25発も撃ったのだった。

がまんならなくなった習近平主席は、翌17日に武大偉《ぶだいい》朝鮮半島問題特別代表（元駐日大使）を、平壌に送り込んだ。だが金正恩第一書記は、「多忙」を理由に面会を拒否。武大偉代表は「空手」で帰国せざるを得なかった。

北朝鮮は、再び中国を嘲笑するかのように、22日に30発もの短距離ロケット砲を日本海に向けて発射。翌23日にも、16発の短距離ロケット砲を発射した。25日にオランダのハーグで開かれた核セキュリティサミットに合わせて、安倍首相、オバマ大統領、朴槿恵大統領の日米韓3ヵ国首脳会談が開かれると、今度はこれに合わせて射程1300kmの中距離弾道ミサイルを、日本海に向けて発射した。海沿いの固定式発射台からではなく、内陸部の移動式発射台から発射したのは初めてのことだった。

こうした事態に、習近平主席が命じたのは、「目には目を」の手段だった。4月中旬、43万の兵力を抱える瀋陽《しんよう》軍区の第39集団軍が突如、北朝鮮への突入を想定した軍事訓練を、中朝国境近くで始めた。この演習では、先遣隊となって情報収集にあたる偵察部隊、中国国内の北朝鮮人および北朝鮮系資産を管理する検査部隊、北朝鮮からの反撃を国境で食い止める封鎖部隊、北朝鮮突入の本部隊である火力部隊が、一体となって訓練にあたったのである。中朝国境付近に１５００人規模の難民収容施設を作る計画も明らかになった。中国の「実力行使」を見た北朝鮮は、ようやく矛を収めたのだった。

靖国参拝で殺気立つ中国

習近平主席はまた、靖国神社参拝を強行した安倍首相に対しても、怒りに打ち震えていた。自分と毛沢東主席、それに自分が率いる14億の中国人民に対する侮辱と捉えたのだ。

私は、安倍首相の靖国参拝の翌日（12月27日）に北京へ飛んだ。すでに中国全体が、日本に対して殺気立っていた。

『環球時報』（12月28日付）は、安倍首相の靖国参拝を受けて行った緊急世論調査の結果を発表した。それによると「日本に釣魚島（尖閣諸島）問題で強硬に臨むべきだ」（74・6％）、「靖国神社に寄付している日本企業を制裁せよ」（67・7％）、「安倍をはじめとする好ましからぬ日本人を入国禁止にしろ」（59・9％）など、強硬姿勢を望む声が目白押しだった。

同紙は12月30日付でも、「専門家が提案する対日制裁案」を特集した。「北方領土をチャイナ・マネーで買い占めてしまえ」（金燦栄中国人民大学国際関係学院副院長）、「全国の小中学生を総動員し、世界のＶＩＰに日本批判の手紙を送れ」（楊毅海軍少将）、「戦争加害者である三井と三菱を中国国内で裁け」（李宗遠中国人民抗日戦争記念館副館長）……。

だが、前年9月のときのような反日デモは発生しなかった。その原因の一つに、外出もままならないほどのＰＭ２・５の大気汚染があった。ある中国人の友人はこう皮肉った。

「こんな大気汚染の中で反日デモをするとしたら、日本製の高性能マスクが必要だ。だが日本製マスクを付けた反日デモなんてこっけいだし、そもそもマスクを付けていては大声も出せない」

２０１４年1月31日、中国は午年《うまどし》の春節を迎えた。新華社通信は、大晦日にあたる30日夕刻、「甲午《こうう》の年の再来」と題した長文の記事を発表した。

〈１８９４年に中日甲午海戦（日清戦争）が発生してから、１２０年後の甲午の年がやってきた。１２０年前の甲午の年に、中日の近代海軍は正面衝突し、中国は敗戦した。世界最大の経済大国だった「中央帝国」は、１８４０年のアヘン戦争以来、地に堕《お》ちたが、甲午戦争によって、衰退の深淵に突き落とされた。このとき、毛沢東は満1歳だった。

一方、隣国の日本は時代の変化への準備を怠らず、明治維新を遂行し、鉄道を敷き、軍事改革を行い、学制と行政司法システムを整備した。松下幸之助はこの年に生まれた。

60年後の甲午年は、１９５４年である。日本は敗戦国となり、中国は戦勝国となった。この年に、第1期全国人民代表大会第1回会議が北京で開かれ、憲法が誕生した。毛沢東とその同志たちは、強大な社会主義工業国家を建設した。日本では安倍晋三が生まれた。それから再び60年を迎えた。習近平は年初に、全面的改革指導深化小グループのグループ長に就任した〉

この文章は、習近平指導部の「心情」を、如実に反映したものだった。すなわち習近平主席は、日清戦争から１２０年後の２０１４年に、時計の針を反対方向に戻したいのである。すなわち、まずは２０１４年の甲午の年に、日本を抑え込む。そして１８４０年の庚《こう》子《し》の子年から１８０年後の２０２０年の庚子の子年に、アメリカを抜いて世界最大の経済大国になると同時に、日本を完全に抑え込んでアジアの盟主となる。そうして「中国の夢」を果たしていこうというのである。

こうして習近平主席は２０１４年を、「日本封じ込めの年」に定めた。本来は２０１５年に行おうとしていた抗日戦争勝利70周年キャンペーンを、１年前倒しにしたのだ。

１月29日、中国の劉結一《りゅうけついち》国連大使が、国連安保理の公開討論会で、「戦争およびその教訓と平和の持続を希求する」と題したスピーチを行い、強烈な日本批判を展開した。

中国は安倍首相の靖国参拝を、日本ファシズムの復活と捉え、国際社会を巻き込んで日本包囲網を敷く戦術に出たのだった。新華社通信は次のように記した。

〈劉結一大使が日本を糾弾した後、世界各国が同調した。日本の右翼勢力は、国連安保理で「被告席」に立たされたのだ。安倍の「拝鬼《バイグイ》」（靖国参拝）は、戦後の国際秩序と国際正義に挑戦する行為だ。国連加盟国193ヵ国のうち、日本の政治指導者以外に、どの国の指導者が、第二次世界大戦のA級戦犯とB級戦犯を参拝するだろうか？〉

私は北京で、中国の外交関係者たちと会って、中国側のホンネを探った。その中で、尖閣諸島問題に関して、次のような二つの興味深い発言を聞いた。

「中国海軍は長年、台湾・沖縄・釣魚島（尖閣諸島）の3ヵ所を中国側の『根拠地』にしない限り、東シナ海の海洋制覇はできないと考えていた。ところが沖縄には強力なアメリカ軍が駐屯していて、台湾もアメリカと準同盟関係にある。そのため、まずは釣魚島を奪取することが必要だが、長年この島を奪取する理由が見当たらなかった。それが一昨年、野田政権が『国有化』し、昨年末に安倍首相が靖国神社を参拝したことで、14億の中国人が、日本を敵とみなすようになった。こうした流れを、習近平主席は絶好の機会到来と考えており、自分の時代に釣魚島を奪取する気になっている」

「わが国の高度成長の時代は終わり、中国経済は先行き不透明になってきた。そんな中、習近平主席は、中国で経済破綻が起こる前に、東シナ海か南シナ海で戦争を起こすつもりなのではないか。ちょうど習主席がこの上なく尊敬する毛沢東主席が、建国の翌年に朝鮮戦争に参戦し、政権の求心力を高めたのと同じことだ」

習近平主席は、春節前の1月26日早朝、零下30度のモンゴルとの国境に足を運び、白い息を吐きながら、国境を警備する人民解放軍を鼓舞したのだった。

プーチンの二枚舌

春節が明けると、習近平主席は再び、ロシアへ飛んだ。ソチ・オリンピックの開会式に参加するためである。ロシア訪問は、国家主席になりたての前年3月以来、約1年ぶりだったが、プーチン大統領とは、すでに6回目の首脳会談だった。「中国のプーチンになる」——習近平主席はこの目標に向かって1年間、一途《いちず》に進んできたのだった。

習近平主席はソチで、「どの首脳よりも先にプーチン大統領と会談する」ことにこだわった。ロシアで開催する冬季五輪で、自分こそがプーチン大統領の最高の賓客であることを、内外に示したかったのである。もっとも、プーチン政権はウクライナ問題で欧米を敵に回しつつあったため、欧米の首脳は軒並み、開会式への参加を見合わせた。そんな中で、習近平主席のライバルは、やはり安倍首相だった。

中国は、「2月7日の開会式は日本の北方領土の日であり、そんな国の代表を呼ぶべきでないし、来てもその日に首脳会談をすべきでない」とロシアに主張した。そしてロシア側が、「開会式当日と前日は、プーチン大統領が分刻みの多忙なスケジュールで、他国との首脳会談の時間は取れない」と拒んでも、「30分でもよいから」と必死に食い下がった。実際、開会式を翌日に控えた6日午後に30分間だけ、中ロ首脳会談を開いたのだった。

習近平主席はこのときも満面の笑みで、「今年も最低5回は首脳会談をやろう」とプーチン大統領に持ちかけた。そして短時間の会談の中でも、日本批判をぶった。

「日本のこのところの右傾化、ファシズム化は問題だ。来年の反ファシズム戦争勝利70周年と、中国人民の抗日戦争勝利70周年に向けて、両国が率先して運動を起こしていこう」

これに対してプーチン大統領も、「ロシアも日本軍国主義がアジアで犯したファシズム行為を忘れない」と呼応した。逆に、プーチン大統領が気を揉んでいるウクライナ問題に関しては、習近平主席が「欧米には与《くみ》しないし、ロシアをできる限り支持する」と明言し、安心させたのだった。

経済関係では、2013年の中ロの貿易額が前年比1・1％増の892億ドルにとどまったことを踏まえて、2015年に1000億ドルを突破するという目標を再確認した。実際には、ロシア製兵器の輸入額を加えたら、とっくに1000億ドルを突破していた。

オリンピックの開会式は、2014年に合わせて、現地時間の20時14分に始まった。安倍首相と習近平主席は同じ貴賓席で観覧したが、二人は挨拶はおろか、目線を合わせることさえなかった。それでも安倍首相は、ロシア美女にエスコートされ、気分は上々だった。後にその美女は、ロシア連邦保安庁（秘密警察）との関係を指摘される。

翌2月8日、安倍首相とプーチン大統領のランチ会談が開かれた。安倍首相はプーチン大統領とウオッカで5杯も乾杯しながら、最高級のロシア料理に舌鼓を打った。安倍首相曰く、「プーチンと5回会った中で最も盛り上がった日ロ首脳会談だった」。

秋田県から贈られた秋田犬「ゆめ」とともに、安倍首相（右）を出迎えるロシアのプーチン大統領（共同）

このとき安倍首相が、「1956年の日ソ共同宣言を土台に、そこから積み重ねる形で北方領土問題を解決していきたい」と提案すると、プーチン大統領も「その意見に賛成だ」と答えた。日ソ共同宣言は、平和条約締結後に4島のうち歯舞《はぼまい》島と色丹《しこたん》島を日本へ返還すると謳っている。つまり2島返還は既決として、残りの択《えと》捉《ろふ》島と国後《くなしり》島について交渉を進めていくということを確認しあったのである。

ウクライナ問題を巡って欧米との対立を深めていたプーチン大統領は、日本を味方につけようとして、安倍首相の鼻先にニンジンをぶら下げたのだった。一方の安倍首相もまた、サハリンや東シベリアの石油開発を推進していくというニンジンを、プーチン大統領の鼻先にぶら下げた。

安倍首相が「中国の軍事的台頭は、東アジア全体にとって大きな脅威だ」と述べると、プーチン大統領は眉を顰《ひそ》め、「中国の脅威に対しては、わが国も手を焼いているのだ」と告げた。中ロは4300kmもの国境を接しているが、国境沿いの人口は、中国側の1億

1000万人対ロシア側の650万人だった。会談を終えた安倍首相は、ほろ酔い気分も手伝って、笑顔で周囲に漏らした。

「プーチンは話の分かる男だなあ。オバマより、よほど話しやすい」

ウクライナ情勢で変わるパワーバランス

オリンピックの閉幕を待つかのように、ウクライナで政変が勃発。親ロ路線を貫いてきたヤヌコビッチ大統領が国外逃亡し、ウクライナは泥沼状態に陥った。

ロシアは機に乗じて3月18日、クリミア半島を編入した。しかも1979年のアフガン侵攻のような直接的な軍事侵攻ではなく、あくまでも「クリミア自治区の民主的な国民投票」の結果として編入を決めた。ロシア軍には軍服を脱がせ、「自警団」として送り込んだ。クリミア編入を成功させたことで、プーチン大統領の支持率は75％に跳ね上がった。

ウクライナ情勢は、東アジア情勢にも大きな影響をもたらした。安倍首相の靖国参拝後、中国の猛烈な反対もあって日本への国賓訪問を渋っていたオバマ大統領は、日本を味方に引き入れる必要から、4月23日から25日の訪日を決めた。だがオバマ大統領としては、中国もロシアから離反させたかった。そこで意外な「特使」を中国に送り込んだ。

それはミシェル夫人一行だった。「一行」とは、夫人と夫人の母マリアン・ロビンソン、それにオバマ大統領との娘マリアとサーシャで、1週間に及ぶ優雅な中国旅行だっ

ミシェル・オバマ米大統領夫人（右）に筆の持ち方を教える彭麗媛・習近平中国国家主席夫人（ロイター＝共同）

た。

3月20日午後5時半、ミシェル夫人らを乗せたアメリカ空軍の政府専用機は、北京首都国際空港に到着した。中国の外交関係者が明かす。

「ミシェル夫人の訪中は、アメリカ側が突然、提案してきたものだった。『ミシェル夫人は2010年にスペインを訪問し、2011年には南アフリカを訪問した。昨年6月に習近平夫妻がカリフォルニアを訪れたとき、ミシェル夫人は欠席し、礼を欠いてしまった。その詫びもあって、ぜひ1週間ほど中国を訪問したい』。そこで同じファーストレディの彭麗媛夫人が、ホステス役を務めることにした」

ミシェル夫人一行は21日、彭麗媛夫人に伴われて北京市内の中学校を視察。初めてラケットを握ったという卓球に喜々として興じた。また習字にもトライして、彭麗媛夫人から教わった「永」という漢字を筆で書き、「うまいうまい」と持て囃《はや》されて大はしゃぎである。午後には故宮を見学した。一般観光客を締め出して皇帝の住居を独占し、まさに皇后を髣髴させる黒ドレスに身を包んだ彭麗媛夫人の案内で、広い宮殿内をゆっくりと見て回った。その間、しきりにファーストレディ同士の2ショットの自撮り写真を撮った。

夕刻には、釣魚台国賓館で習近平夫妻主催による歓迎の晩餐会が開かれた。習近平主席は、上機嫌で述べた。

「今回の訪中を熱烈歓迎します。ぜひ中国の伝統文化に存分に触れていってください。私は2日後には、オランダでご主人のオバマ大統領とお会いしますし、11月には北京APECを開催しますので、また夫妻でお越しください」

これに対して、ミシェル夫人も満面の笑みで答えた。

「私は今回、初めての訪中でしたが、いまやアメリカでは、若者が中国語を勉強するのが当たり前のようになってきているんです」

ちなみにミシェル夫人が北京で泊まったのは、パークハイアットホテルのプレジデンシャル・ルームで、1泊5万2000元（約90万円）だった。ミシェル夫人一行はその後、西安で兵馬俑《へいばよう》を見たり、四川省でパンダを抱いたりした。

一方、プーチン大統領も3月18日の演説で、「習近平主席が率いる中国」を最大限に誉め上げた。ロシアとしては、欧米を敵に回してしまった手前、最大の貿易相手国である中国との関係が生命線となった。この「プーチン演説」も、習近平主席を歓喜させた。

それまで、習近平主席とプーチン大統領の関係は、言ってみれば「いびつな関係」だった。すなわち習主席が一方的に、プーチン大統領に憧憬《どうけい》を抱いていたのである。習主席は、過去15年にわたって強権をもって大国ロシアを統治している1歳年上の指導者が、羨《うらや》ましくて仕方なかった。完全な「片想い」で、習主席はプーチン大統領と会ったときには満面の笑みを浮かべたが、プーチン大統領は無表情を貫いた。ところが3月18日の演説で、プーチン大統領は初めて、習近平主席を大々的に誉め上げたのである。

自信をつけた習近平主席は、3月22日から4月1日まで、オランダ、核セキュリティサミット、フランス、ドイツ、ベルギーと、計11日間にわたる欧州歴訪の旅に出た。計90ヵ所で会談や講演などをこなし、移動距離は1万9615kmに上ったと新華社通信は伝えた。

最初の訪問国オランダでは、22日正午過ぎに習近平と彭麗媛夫人が、アムステルダム空港に降り立つと、21発の礼砲が鳴り、アレクサンダー国王夫妻が出迎えた。そして国王夫妻主催の盛大な歓迎宴が開かれた。オランダからしてみれば、遠くアジアから「お大尽」の到来だった。オランダはEU加盟国中、11年連続で中国から見てドイツに次ぐ貿易相手国であり、オランダにとっても、EUを除けば最大の貿易相手国かつ第2の投資国だった。ふだんは無口な習近平主席だが、この日は趣味のサッカーの話題まで飛び出した。

続いて、アムステルダムからハーグに場所を移して、第3回核セキュリティサミットに参加した。ハーグでは、前月のソチに続いて、またしても安倍首相と遭遇したが、互いに無視を決め込んだ。前年のロシアG20で懲りた中国は、安倍首相の「突撃握手」に備えて、安倍首相への見張り役までつける警戒ぶりだった。

中国はこのサミットを、第二次世界大戦後の秩序維持を強調する大会、すなわち日本を糾弾する大会にしようと試みた。だが話題はウクライナ危機一色となり、歴史問題など吹き飛んでしまった。

中韓の反日共闘

習近平主席は核セキュリティサミットの期間中、二つの首脳会談をこなした。一つは23日に行った朴槿恵大統領との中韓首脳会談である。ハーグで朴大統領は高熱を出し、サミットのかなりの行事を欠席したが、習近平主席との会談は予定どおりこなした。

朴「習近平主席に感謝することがある。中国は（伊藤博文元首相を暗殺したテロリストの）安重《アンジュン》根《グン》義士記念館を（ハルビン駅に）建立してくださった。かつ西安には（朝鮮人抗日パルチザンの）光復軍駐留の記念碑を建立してくださっている」

習「それらは私が直接、指示したものだ。中韓は隣国同士であり、同じ夢と目標を持っている。7月にはソウルを訪問する。両国の自由貿易協定も早く進めようではないか」

この中韓首脳会談のポイントは、両国が「反日」で共闘したということだった。安重根の話は、前述のように前年6月に朴大統領が訪中したとき、「（暗殺現場の）ハルビン駅に記念碑を建ててほしい」と要請したが、習主席は即答を避けたという経緯があった。それが韓国側の知らぬ間に、習主席の鶴の一声で、ハルビン駅舎内に大仰な記念館を建ててしまったのだ。
もう一つの西安の記念碑も、同様に朴大統領からの要請を受けて中国が進めたもので、この中韓首脳会談の2ヵ月後の5月29日に、記念碑の除幕式が行われた。記念碑の周囲には、面積2000m^2の韓国光復軍駐屯旧跡公園まで造り、除幕式には韓国国家報勲処の朴《パク》勝椿《スンチュン》処長（大臣級）らが列席した。

中韓の反日共闘は、1995年に江沢民主席が訪韓した際に、一度俎上《そじょう》に上ったことがあった。そのときは金泳三大統領が持ちかけたが、中国側が断った。1998年の訪日時に、天皇陛下にまで歴史問題を説いた江沢民主席でさえ、一線を引く矜持《きょうじ》があった。

それがこのときは、反日共闘で中韓が完全に歩調を合わせた。第二次世界大戦を「遠い過去」と捉えているEUからすれば、「東アジアは何をやっているのだ」と呆れ顔だったに違いない。

朴槿恵大統領は習近平主席と会談した後、オバマ大統領が仲介する形で、安倍首相との日米韓首脳会談に、しぶしぶ応じた。日韓首脳は互いに就任1年以上を経て、初の会談だった。約45分間の会談後、カメラの前に並んだ3人だったが、安倍首相が「朴槿恵大統領とお会いできて嬉しいです」と韓国語で述べると、彼女はうつむいたまま、安倍首相を完全無視した。これによって日本国民の嫌韓感情は、さらに悪化してしまったのだった。

日米韓３ヵ国首脳会談で、韓国の朴槿恵大統領（左）に韓国語で話し掛ける安倍首相。中央はオバマ米大統領＝25日、オランダ・ハーグ（共同）

習近平に擦り寄ったオバマ

習近平主席は3月24日、オバマ大統領と会談した。習近平主席は、前年6月と違って余裕の表情で、握手した際に準備してきたジョークを飛ばした。

「私は数日前にミシェル夫人と北京で会食し、『夫にどうぞよろしく』と言付けされたよ」

思えば、前年6月の米中首脳会談では、百戦錬磨のオバマ大統領が新米の習近平主席を見定める立場にあった。だが、1年近く経ったこのとき、双方の「立ち位置」は接近していた。それはウクライナ問題を巡って、中ロ離反を図りたいオバマ大統領が、習近平主席に擦り寄ったからだった。

オバマ大統領はまず、習近平主席が唱える「新型の大国関係」という概念に、初めて理解を示した。この概念は、前年6月に初会談した際に、習近平主席がしきりに持ちかけたが、オバマ大統領は「保留」していた。そこで習近平主席は、さらに一歩踏み込んで述べた。

「東シナ海と南シナ海の問題では、アメリカは客観的な立場を取るべきだ。『分清是《フェンチンシー》非《フェイ》』が、物事の妥結を図る正しい態度だ」

「分清是非」とは、物事の是非にきちんと分別をつけるという意味である。オバマ大統領はさすがにけげんな表情を見せながらも、「東アジア海域の領土を巡る紛争は、関係国が話し合いで解決すべきだ」と答えるにとどまった。

中国側はこの発言を、「アメリカは黙認する」シグナルと捉えた。そして以後、南シナ海の埋め立てに邁進《まいしん》していったのである。

欧州も跪かせる

習近平夫妻は3月25日夕刻、フランスのリヨン空港に降り立った。

習近平主席の訪仏は、国交樹立50周年を記念する国賓待遇だった。26日にパリへ着くと、オランド大統領の出迎えを受けた。中仏首脳会談では、総額180億ユーロ（約2兆5000億円）もの商談をまとめた。内訳は、エアバス70機、原子力協定などだ。

中国とフランスは、前任の胡錦濤主席とサルコジ大統領の時代に、蜜月を迎えた。経済で隣国ドイツに水をあけられたフランスは、中国市場を利用して経済復興を図った。そのための「条件」は、中国を人権問題で非難しないこと。右派のサルコジ大統領は、「内政不干渉」の一言で片付けた。そして左派のオランド大統領も、前任者を見習った。

次の訪問先、ドイツでも、習近平主席はメルケル首相との蜜月を演出した。

2005年11月に首相に就任したメルケルは、翌2006年5月に初訪中し、翌2007年8月にも2回目の訪中を果たした。だが同年9月23日に、中国政府がチベット独立派の頭目と見ているダライ・ラマ14世をベルリンの首相官邸に招き入れたことで、中国が反発。以後、約1年にわたって中国はドイツを冷遇した。ドイツ外務省関係者が語る。

「中国の冷遇に懲《こ》りたメルケル首相は、以後は独中双方が『メルケルの5分間』と呼ぶ解決方法を見いだした。それは独中首脳会談の際、冒頭の5分間だけ、メルケル首相が人権問題についての持論を述べる。以後は心置きなくビジネスの話に入るというわけだ。こうしてその後は、6回も訪中した。日本へは、2008年の北海道洞爺《とうや》湖《こ》サミット以降、2015年まで一度も訪問しなかったことと比較すれば、中国重視は顕著だ」

このときは、習近平が国家主席になって初めての訪独だった。3月28日のメルケル首相との首脳会談で、両国は先の中仏と同様の大型商談をまとめた。署名式の後、両首脳は笑顔で、互いにドイツの産業を象徴する自動車にたとえた発言をした。

習「中独関係の発展は自動車の運転のようなものだ。われわれは十分な燃料を入れ、ハンドルをうまく操縦し、遠方をよく見ながら、明るい未来へ向かって快適にドライブする」

メルケル「ドイツは、中国とEUとの関係を発展させるエンジンになりたい」

習近平主席は続いて、ベルリンのカールスバーグ基金会で講演を行った。そこには、ヴァイツゼッカー元大統領やシュミット元首相など、歴代の指導者たちも訪れた。習近平主席は、ドイツの重鎮たちを前に、重々しい口調で述べた。

「中国人民が愛する一人のドイツ人の友人、ジョン・ラーベ氏のことが、私の頭をよぎる。70年以上前、日本軍国主義は侵入した南京市で、30万人以上の中国軍民を虐殺した。そのとき、ラーベ氏は十数人の外国人と協力して『南京安全区』を設置し、二十数万人の中国人を居住させた。ラーベ氏は日記に、大虐殺の記録を詳細に記し、重要な証拠史料となった。1996年に、中独が共同で、南京にラーベ記念館を建てた。昨年末、南京市はラーベ墓苑も落成させた」

祖国ドイツではまったく無名のラーベ氏の話をわざわざ持ち出したのは、「反省するドイツと反省しない日本」を強調したかったからだった。会場は、拍手喝采となった。

続くベルギーでも、EU本部でバローゾ委員長以下、幹部総出で出迎えられ、存在感を誇示した。

「EUは取り込める」――習近平主席はこう確信したのだった。

第３章

日米離反工作
（2014年春～秋）

共同記者会見を終え、握手を交わす安倍首相とオバマ米大統領＝2014年４月24日午後、東京・元赤坂の迎賓館（共同）

日中に媚びを売る米国防長官

習近平政権にとってウクライナ問題の悪化は、歴史問題で日本を追及しにくくなるというデメリットもあったが、それを上回るメリットがあった。

最大のメリットは、アメリカの外交エネルギーがウクライナに集中することで、東アジアに「力の空白」が生まれることだった。習近平政権の対米政策「新型の大国関係」の根本概念は、「東アジア地域の管理を中国が任うこと」である。その意味ではウクライナ危機は、願ってもないチャンス到来だったのだ。そこで中国は、対米外交攻勢を強めた。

「中国の空母を見に来ないか」——ヘーゲル米国防長官にこう誘い水をかけると、一も二もなく乗ってきた。この話をペンタゴン（米国防総省）から伝え聞いた日本政府は、慌てて訪日を要請した。オバマ大統領の国賓訪問を4月23日に控え、安倍政権としては尖閣問題を、ヘーゲル国防長官と詰めておきたかったのだ。

4月5日、ボーイングE‐4Bに乗って、ヘーゲル国防長官が、横田基地に降り立った。そして寸暇を惜しむかのように、安倍首相、小野寺五典防衛相、岸田文雄外相と立て続けに会談した。外務省関係者が語る。

「ヘーゲル国防長官は、日本側からすれば、ほぼ『満額回答』とも言える発言を披瀝《ひれき》した。『尖閣諸島の防衛は日米安全保障条約の対象である』『力による現状の変更に反対する』『日本政府の集団的自衛権の行使容認に感謝する』『イージス艦2隻を横須賀基地に追加配備する』……。オバマ大統領の訪日を控えて、大きな成果があった」

だがヘーゲル国防長官にしてみれば、いわば同盟国の日本に「お付き合い」しただけで、真の目的は訪中にあった。ウクライナ危機は激しさを増し、中東ではイスラム国が台頭していた。

そんな中、米国防長官としては異例のハト派で知られるヘーゲル長官は、中国との友好を図っておきたかったのである。それはまた、オバマ大統領の意向でもあった。

腹の探り合い

4月7日午後、ヘーゲル国防長官は横田基地から、青島《チンタオ》へ飛んだ。

中国人民解放軍海軍は、青島を中心基地とした北海艦隊、寧波《ねいは》を中心基地とした東海艦隊、湛江《たんこう》を中心とした南海艦隊の3艦隊体制で、総兵力は24万人である。そのうち青島は、前述のように、中国初の空母「遼寧」の母港となっている。

ヘーゲル国防長官は、「遼寧」に招待された初の外国の賓客となった。中国軍が突然、「虎の子」の空母に、アメリカの軍事責任者を搭乗させた理由については、『環球時報』（4月10日付）が、「大国の自信」というタイトルの記事で記している。

〈人民解放軍はここ数十年来、閉鎖から開放へ、不安から自信へと変わってきた。アメリカ軍との交流は今回が初めてではない。１９８４年８月20日、ライマン米海軍司令官一行が大連沖の小平島で、わが軍の原子力潜水艦を視察している。このとき、わが軍は初めて外国人に原子力潜水艦を公開した。２０１１年にはゲーツ国防長官が、中国の第二砲兵部隊を視察したし、２０１２年にはパネッタ国防長官が、北海艦隊を視察した。人民解放軍幹部も訪米時に、アメリカ軍の核燃料空母や原子力潜水艦などを視察している〉

4月８日、北京で会談前に笑顔で手を振るヘーゲル米国防長官（左）と中国の常万全国防相（ゲッティ＝共同）

　この記事には、純白の海軍上将の軍服を身に纏《まと》った呉《ご》勝利《しょうり》海軍司令員が、マイクを持ってご満悦そうにヘーゲル国防長官に講釈を垂れている写真が、掲載されていた。

　同日、青島から北京へ向かったヘーゲル国防長官は、８日午前、中国国防部の「八一大楼」で、常万《じょうばん》全《ぜん》国防部長（国防相）と米中国防相会談を行った。

常「今年は中米の国交正常化35周年であり、『新型の大国関係』を築く要《かなめ》となる年だ。習近平主席は常日頃、『不衝突不対抗、相互尊重、合作共贏』（衝突せず対抗せず、互いに尊重し合い、提携してダブルウインの関係を築く）という14文字で、『新型の大国関係』の極意を述べている。
その意味で、アメリカ国防総省は釣魚島（尖閣諸島）や南シナ海の問題では、どちらをも支持しない立場、そして近寄らない中立の立場を貫くべきだ」

ヘーゲル「今回、空母『遼寧』への視察を受け入れてくれて感謝する。私も同様に、今後中国と新たな軍事的関係を築いていきたいと願っている」

続いて行われた両国防相の記者会見でも、常国防相はアメリカを牽制した。

「アメリカは日本に対して、姑息な約束をすべきでない。日本は、安倍政権が始まって以来、誤った言行の連続で、中日関係は困難に陥り、地域の平和と安定に重大な悪影響をもたらしている。釣魚島（尖閣諸島）問題でも、日本はリスクを高める一方だ。日本は大量の核兵器に転用できる材料も保有しており、これも国際社会に不安を与えている。

フィリピンは、まるで被害者のように振る舞い、国際法の名義で南シナ海の問題を国際仲裁の場に持ち込んだ。実際には、フィリピンが違法に中国固有の島礁を侵略したにすぎず、国際仲裁などで解決すべき問題ではない」

常万全国防相は、ヘーゲル国防長官との会談で、7つの共通認識に至ったと述べた。それは、①双方で新たな軍事的関係を築く、②双方は重大な軍事行動を取る際には事前に通報し、国際法に則った行動を取る、③双方は陸軍の実務者間の交流を開始する、④双方は国際テロに一致団結して立ち向かう、⑤アジア太平洋地域の平和と安定のための提携を強化する、⑥双方の国防対話を年内に行う、⑦環太平洋の合同軍事演習を年内に行い、その後陸上で合同医療救援活動を行う。

中国に押し切られる米国

翌9日には、締めくくりとして人民大会堂で習近平主席が会見した。習近平主席は、「新型の大国関係」の枠組みの中で、新たな軍事的関係に発展させることを強調。ヘーゲル国防長官も、米中両国の新たな軍事的関係の推進を説いたのだった。

このとき、中国がヘーゲル国防長官の訪中を要請した目的は、主に二つあった。一つは、4月23日から始まるオバマ大統領の4ヵ国訪問（日本、韓国、フィリピン、マレーシア）が、「中国包囲網の旅」になるのを事前に阻止すること。もう一つは、南シナ海南部の南沙諸島での埋め立て工事を本格化させるにあたって、アメリカに黙認してもらえる関係を築いておこうとしたことだ。

中国は南沙諸島の埋め立て工事の竣工を、2016年11月以前に定めていた。前述のようにこの月に、中国が最も苦手とするクリントン前国務長官が大統領選で当選する可能性があるからだ。それには逆算して、この時期から本格的に着工しないと間に合わない。

実際、ヘーゲル国防長官が8日昼に中国国防大学で行った講演は、中国側を安心させるに十分な内容だった。

「昨年10月、駆逐艦『カーティス・ウィルバー』が、東シナ海で中国海軍の軍艦と22kmまで接近するということがあった。そのとき、わが艦船は中国艦船と対立せず、交流を試みた。最初は双方の艦長が挨拶し、天気の話などをした。それが夕飯のメニューの話になって、アメリカ側はメキシコ料理だと言ったが、中国側はたいへん豊富な中華料理だと答えた。最後は互いの家族の話になった。双方が夕食を終えると、また話し始めた。『ホテル・カリフォルニア』『故郷の小道』のアメリカ歌曲の話や、NBAの姚明《ヤオミン》選手とトレイシー・マクグレディ選手の話。今度いっしょにバスケットをやろうとも言って盛り上がった。

話していて、中国側の艦長は海軍発祥の地である江蘇省泰州の出身で、アメリカ側の艦長も、やはり海軍発祥の地であるマサチューセッツ州ビバリーの出身と判明した。両艦長は、両国の海軍の良き伝統を受け継いでいたのだ」

高級寿司店での安倍・オバマ対談

4月23日夜7時過ぎ、すったもんだの末、ようやくオバマ大統領が来日した。オバマ大統領は、いったん東京・赤坂にあるアメリカ大使館に立ち寄ると、夜8時半に、7年連続でミシュラン3つ星を獲得している銀座の最高級寿司店「すきやばし次郎」に入った。

安倍首相は、この店でオバマ大統領への「二つの説得」に勝負をかけていた。一つは日米でTPPを妥結すること、もう一つは「尖閣防衛」を日米安保条約第5条の適用範囲内であると認めさせることだった。TPPに関しては、農産品のいわゆる日本側の「重要5品目」（米、麦、牛豚肉、乳製品、砂糖）の関税について折り合っていなかった。また尖閣防衛に関しては、オバマ政権は「現状変更には反対するが、他国の領土問題には関与しない」という立場を堅持していた。

安倍政権がこの店を「説得場所」に選んだのは、有名寿司店というよりは、カウンター席しかない狭い店内が、少人数ディナーに適していたからだった。

4月23日非公式の夕食会が行われた銀座の高級寿司店の前で握手するオバマ米大統領と安倍首相（ロイター＝共同）

日本のメンバーは安倍首相、谷内《やち》正太郎《しょうたろう》国家安全保障局長、佐々江賢一郎駐米大使の3人。アメリカはオバマ大統領、ライス安保担当大統領補佐官、ケネディ駐日大使だった。

このとき日本側は、密かに作戦を立てていた。安倍首相はオバマ大統領に、広島の銘酒、金粉入り『賀茂鶴《かもつる》』を勧める。佐々江大使はケネディ大使と四方山《よもやま》話をする。その間に谷内局長が、キーパーソンのライス補佐官を説得する――そのため計6人（プラス通訳）でほぼいっぱいになり、かつ横一列に座る作りの寿司店でないと、都合が悪かったのだ。この作戦は、4月14日から16日まで緊急訪米した齋木昭隆外務次官が帰国後、官邸にもたらした「ワシントンの雰囲気」を元に、練り上げたものだった。

オバマ大統領は店内に入ってくるなり、店自慢の大トロには無関心で、「さっそくTPPの話をしよう」と安倍首相に告げた。首脳同士の人間関係の構築などいささかも求めず、ビジネスライクに徹する「オバマ・スタイル」は、前年2月の初対面のときには安倍首相を驚かせたが、このときはもう慣れっこになっていた。

日本側は日米の妥結案として、「松竹梅」と名付けた3案を用意していた。そこで安倍首相はまず、日本がいちばん譲歩しないで済む「梅案」をオバマ大統領に告げた。するとオバマ大統領は、「それはいい案だ。それで行こう」と言って、その場からフロマン米通商代表に電話をかけた。「アベがいいアイデアを出してくれたから、それでまとめてくれ」。

オバマ大統領は、TPP交渉の複雑な中身など、分かっていなかった。ただこのときは、クリミア半島をロシアに「タダ取り」されてアメリカの威信が失墜したので、TPPを早期に妥結して自分の手柄にしたいともくろんでいたのだ。

気をよくした安倍首相は、オバマ大統領に、日本一と言われる大トロと『賀茂鶴』を、再度勧めた。だがオバマ大統領は、大トロよりも中トロのほうが「旨い」と言い、計8貫しか口にしなかった。安倍首相は12貫食べた。

谷内局長が小声で、尖閣問題について、ライス補佐官の説得に入った。「ウクライナ問題では最大限協力するから」という一言が殺し文句となり、こちらもすんなり「OK！」とライス補佐官が言った。そして横のオバマ大統領に、「明日の首脳会談後の記者会見でも言ってください」と念を押したのだった。こうして「寿司屋談義」は、日本側の思惑どおりに進んだ。

ここまで来るのに、日本側の苦労は、並大抵のものではなかった。安倍首相と行うビジネスライクな首脳会談以外、日本に何の興味もないオバマ大統領は当初、2泊3日の国賓待遇に難色を示した。ウクライナ危機が勃発し、日本を味方につける必要が生じたことで、ようやく国賓待遇を受け入れたが、正式なスケジュールが出たのは訪日の1週間前だった。しかも羽田空港に降り立つのか横田基地に降り立つのか、日本側にギリギリまで知らせず、警備は2班態勢を強いられた。また、国賓が宿泊する元赤坂の迎賓館を拒否し、アメリカ大使館隣のホテルオークラに宿泊。さらに国賓待遇では国際儀礼となっている夫人同伴も拒否したのだった。

だが、TPPに関しては、その後ひと悶着が起こった。ホテルでオバマ大統領を待ち受けていたフロマン代表は、「日本にいっぱい食わされました。その形では妥協できません」と述べた。そこから日本側の交渉責任者である甘利明経済財政政策担当大臣以下、主要スタッフをホテルに呼んで、徹夜の交渉が行われた。

交渉は、翌日の日米首脳会談を挟んでも続き、最後は決裂してしまった。そのため、日米共同声明の発表が1日遅れる異例の事態となった。

尖閣防衛の言質をかろうじて得た日本

一方の尖閣問題に関しては、すんなりと進んだ。24日午前中の日米首脳会談で再度、確認し、会談後の昼過ぎに行われた共同記者会見でも、オバマ大統領は明言した。

「米日安保条約第5条（有事の際のアメリカ軍の出動）は、尖閣諸島を含む日本の施政下にあるすべての領土が含まれる」

25日、天皇皇后がオバマ大統領を見送る時刻に出された「日米共同声明」には、次のように記された。

〈米国は、最新鋭の軍事アセットを日本に配備してきており、日米安全保障条約の下でのコミットメントを果たすために必要な全ての能力を提供している。これらのコミットメントは、尖閣諸島を含め、日本の施政の下にある全ての領域に及ぶ。この文脈において、米国は、尖閣諸島に対する日本の施政を損おうとするいかなる一方的な行動にも反対する〉

この共同声明の表現は、アメリカ側が最後まで中国に配慮した結果、間接的な表現になっている。つまり、「他国（中国）が尖閣諸島を攻撃した際、アメリカ軍が防衛する」とは明記していない。その点、アメリカ側の言い分は、まずは自衛隊が対応し、万一中国軍に取られたら、日米両軍で奪還すればよいというものだった。ともあれ日本としては、「尖閣諸島」という文言を入れ込むというボトムラインは果たしたのだった。

このオバマ大統領の発言は、海の向こうの中国政府を直撃した。24日午後、中国外交部の秦剛《しんごう》報道局長が顔を強ばらせて、「釣魚島（尖閣諸島）はわが国の固有の領土であり、米日安保の適用対象とすることに断固反対する」と抗議した。

くしくも、オバマ大統領が来日した4月23日は、中国人民解放軍海軍の65周年記念日だった。22日と23日には、海軍北海艦隊の本部がある山東省青島に、アメリカを含む24ヵ国の海軍幹部を招待し、第14回西太平洋海軍フォーラムの年会が行われた。この開幕の辞を述べたのは、習近平主席の「軍師」で、対日強硬派の呉勝利海軍司令員だった。

また、中国はオバマ大統領のアジア歴訪に合わせて、アメリカ連邦下院代表団を北京に招待していた。そしてまさに日米首脳会談が東京で開かれていた同時刻に、下院代表団は中南海の「紫光閣《しこうかく》」で、李克強首相と会談していた。李克強首相は次のように述べた。

「国家の領土と主権を維持し保護するというわれわれの意志は、いささかも揺らぐものではない。釣魚島（尖閣諸島）はわが国の固有の領土だ。そのことを理解してほしい。

その上で、中米両国は投資協定の交渉を加速し、提携領域を深化させようではないか。アメリカ側が先端技術の輸出制限を解除すれば、両国のビジネスは大いに拡大する」

これに対して米下院のカンター代表は、こう応じた。

「アメリカは太平洋国家の一員として、その未来はアジア太平洋地域と密接に関連している。アメリカ連邦議会下院は、中国との関係を絶え間なく発展させ、強化していく」

下院は約半年後の11月の中間選挙で、全員が改選となる。そのため各議員たちは、自分の選挙区に最も多くの雇用を生む中国企業の投資誘致に躍起となっていたのだ。中国はそのことを見越したうえで、オバマ大統領のアジア歴訪に合わせて彼らを招いたのである。

オバマ大統領が日本を離れるころ、安倍首相は関係幹部たちを官邸に呼んで、「安保に関しては満額回答だった」と頬を緩め、労をねぎらった。

だが、事はそう単純ではなかった。この時期から中国が南シナ海で本格始動させた岩礁埋め立てを、アメリカはその後1年以上も黙認する。その意味で、ウクライナと中東で手一杯の中でのオバマ大統領の訪日は、むしろ東アジアを放置しても構わないと確認するためのものだったとも言えるのである。

緊張高まる南シナ海

オバマ大統領のアジア歴訪で、東アジアにおけるアメリカの消極姿勢を確信した中国は、南シナ海で直ちに行動を開始した。オバマ大統領の帰国直後の5月2日から、中国とベトナムが領有権を争う西沙諸島（海南島から約３００km）で、中国海洋石油総公司（ＣＮＯＯＣ）が海底資源探査を始めたのである。

ベトナムはこれに猛反発し、西沙諸島では中国側の艦艇60隻と、ベトナム側の艦艇35隻が睨み合う事態となった。4日、中国海警局の艦船とベトナム沿岸警備隊の艦船が衝突し、ベトナム側が6人負傷した。中国の大型船がベトナムの小船に衝突する映像をベトナム政府が公開したため、ベトナム全土で大規模な反中運動が展開された。

西沙諸島（パラセル諸島）の歴史は複雑である。ベトナムを植民地支配したフランスが管理していたが、1954年に第一次インドシナ戦争が終結し、フランスが撤退。ベトナム共和国（南ベトナム）が西半分を、中国が1956年以降、東半分を実効支配した。中国はベトナム戦争中の1974年1月に、南ベトナムが実効支配している西側に攻め込み、西沙諸島全体を実効支配するに至った（西沙諸島海戦）。1988年、中国が西沙諸島最大の永興島（2・1km²）に、2600mの滑走路を建設。2007年11月には中国が、西沙、中沙、南沙を管轄する三沙市を海南省に制定し、実効支配を強めていった。

西沙諸島

2014年5月、中国は実効支配をさらに一歩進める石油探査に出たのだった。

「われわれはベトナムを愛する！」「いまから

東部海戦に向かおう！」

15日には、ベトナム全土で大規模な反中運動が起こり、ベトナムの中国・台湾系企業で働く中国人従業員6人が殺害された。

若者の企業荒らし、雄叫び、工場に上がる炎……。どこかで目にした風景と思いきや、その2年前の秋に、中国全土で日系企業が被害に遭ったときと同様だった。あのときも、日本が実効支配している尖閣諸島を国有化したことが原因だった。まさに因果応報、歴史は繰り返すものだ。

こうした事態を、中南海で苦々しく見ていたのが李克強首相だった。李克強首相は、前年10月にベトナムを訪問。改革派筆頭のズン首相との首脳会談後、共同記者会見で次のように述べている。

「両国の提携が新段階に入ったことを宣言する。海上共同開発交渉業務グループ、インフラ整備提携業務グループ、金融提携業務グループを立ち上げ、この『3頭の竜』が両国関係を牽引していく。北部の海岸地域も、両国で大規模に開発する」

南シナ海・西沙諸島で石油掘削設備の周辺を航行する中国の艦船（共同）

李克強首相は、ベトナムから帰国すると、部下たちにこう述べている。

「ハノイで庶民のホンネを知りたくて、深夜にお忍びでホテルを出て、場末のバーに入ったんだ。そこのマダムに、『中国のことをどう思うか？』と聞いたら、『あなたのようなビジネスマンが中国から来てくれるからベトナムは発展するのだ』と、満面の笑みで答えた。私はしばし、この店のベトナム人たちと議論していて、胸が熱くなった。中国はベトナムとの友好を深めるべきだ」

ベトナムにとって中国は最大の貿易相手国で、2013年の貿易額は前年比22％アップの500億ドルに達していた。だが両国の良好な経済関係も、李克強首相のベトナムへの想いも、習近平主席の強硬策によって水泡に帰してしまった。

2016年春に中国海洋石油の社員から聞いた話では、この西沙諸島での石油採掘は、60億元（1000億円超）もかけ、最新鋭の「第7世代981システム」を駆使して、現在も進めているという。習近平外交においては、領土問題のために経済貿易を犠牲にすることなど、まったく厭《いと》わないということである。

「親中派」までも激怒させた強引な南シナ海侵略

習近平主席は5月13日、房峰輝《ぼうほうき》総参謀長を団長とする人民解放軍代表団をアメリカに派遣した。この軍の代表団派遣も、ウクライナ危機に乗じて南シナ海支配を狙う中国が、アメリカを宥《なだ》めておこうと画策したものだった。

房総参謀長らはカリフォルニア州サンディエゴで、空母「ロナルド・レーガン」と駆逐艦「コロラド」に乗船。14日には米軍事アカデミーを訪問し、15日にはペンタゴンで、デンプシー米軍統合参謀本部議長と会談した。

会談後の共同記者会見は、米中軍制服組トップによる激しい応酬となった。

房「中国の領海内での正当な作業（石油採掘探査）を、ベトナムが不当に妨害しただけの話だ。中国は当然、作業を継続する。アメリカには、客観的な態度を取るよう望む」

デンプシー「中国が軍を派遣して紛争を解決しようとすることは、挑発的なやり方であり、地域のリスクを高める危険な行為だ」

ペンタゴンは、ホワイトハウスとは対照的に対中強硬路線を貫いていた。数少ないハト派のヘーゲル国防長官は、中東問題や中国問題などで軍から突き上げを喰らい、同年11月に辞任に追い込まれていく。

5月12日にはケリー国務長官が、西沙諸島での中国の蛮行について声を荒らげた。

「これは中国による挑発行為だ。アメリカは中国の攻撃的な行動を強く懸念している」

ケリー国務長官はそれまで、バイデン副大統領、ライス大統領補佐官と並んで、オバマ政権の「親中3人組」として知られていた。だが、このときのベトナム船への衝突がよほど腹に据えかねたようで、王毅外相に抗議の電話まで入れた。

続いて19日にはホルダー司法長官が、サイバー攻撃や産業スパイの罪で、中国人民解放軍上海所属のサイバーテロ部隊「61398部隊」の5人の将校を起訴したと発表した。

翌20日には、ラッセル国務次官補（東アジア太平洋担当）が、下院の公聴会で証言し、西沙諸島で中国が、2日から石油採掘を始めたことを、「懸念すべき一方的な行為だ」と痛烈に批判した。南沙諸島で岩礁の埋め立て工事を始めたことに対しても、「これは潜在的な軍事行為であって、地域の緊張を高めるものだ」と批判した。

対中包囲網構築を目指す日本

こうしたアメリカの動きに呼応するように、5月15日に安倍首相が、集団的自衛権を認める憲法解釈の変更を宣言した。30分あまりに及んだ記者会見で、安倍首相は「北朝鮮の脅威」を強調したが、これが「中国の脅威」の隠れ蓑《みの》であることは明白だった。その証拠に、安倍首相が説明に使っていたパネルでは、中国大陸と思しき国家を脅威対象例に見立てていた。また、西沙諸島での中越紛争について記者から質問が出ると、険しい顔つきで「現状の変更は認めない」と述べたのだった。

日本は5月10日から27日まで、自衛隊が初めて奄美《あまみ》諸島で、人民解放軍の尖閣上陸を想定した奪還演習を挙行した。これまでは中国に気兼ねして、日本国内での演習を避けてきた。それが陸海空1300人の隊員が参加する本格的な演習を強行し、22日には隊員の上陸訓練を報道陣に公開したのである。

同日安倍首相は、ベトナムのダム副首相を日本に招いて会談し、日越協調を演出した。ベトナムは、同じく中国との海洋領土問題を抱えるフィリピンと連携する動きも見せた。ズン首相が急遽、マニラを訪問し、21日にアキノ大統領と首脳会談を行った。ズン首相は会談後、「両国は今後団結して、中国の違法な行動に対抗していく」と強調した。

こうしたアメリカおよびアジアの動きに、北京も手をこまねいてはいなかった。14日、習近平主席はパキスタンのブハリ上院議長を北京に招いて会見した。

中国とパキスタンは、両国の蜜月関係を「全天候型の関係」と呼んでいる。晴れの日から雨の日まで、いつでも蜜月関係というわけだ。習近平主席は述べた。

「中国とパキスタンの関係は、2国間関係の理想型だ。パキスタンはつねに、中国の核心的利益と重大な関心事項に対して、中国を支持してくれる」

「アジアの皇帝」を目指す習近平主席にとって、周辺諸国がすべてパキスタンのようになってほしいのである。だが現実には、中国が南シナ海の支配を強めれば強めるほど、周辺諸国は中国の脅威を恐れて、アメリカや日本に助けを求めてくるのだった。

中ロ蜜月

そんな中、習近平主席は5月20日と21日、自身が主催する初の大規模な国際イベント

「アジア相互協力信頼醸成措置会議」（CICA、中国語の略称は「亜信」）を上海で開催した。15日には、中国外交部の程国平《ていこくへい》副部長（副大臣）が、CICAについて説明した。

「『亜信』は、1992年にカザフスタンのナザルバエフ大統領が提唱して始まった。アジアの安全保障問題を話し合う国際会議で、現在24ヵ国が参加し、13のオブザーバーを抱えている。今回の第4回総会は、習近平主席が主催する。46の国と国際組織の代表が参加し、ロシアのプーチン大統領をはじめとする11人の国家元首、2人の政府首脳、10人の国際組織トップが含まれる」

中国の外交関係者によれば、習近平主席がこの時期に、上海でCICAを開催した目的は、主に3つあったという。

「まず第1に、11月の北京APECへの地ならしだ。第2に、江沢民元主席が2001年の上海APECのために建てた国際コンベンションセンターで『亜信』を催すことで、『江沢民時代の終焉』を、2400万上海市民に誇示しようとしたこと。第3は、クリミア半島併合で欧米からの包囲網が強まっていたロシアとの『蜜月』を、アメリカに見せつけようとしたことだ」

私は習近平主席には、もう一つもくろみがあったと見ている。それは、憧れの存在だったプーチン大統領を超えようとしたことだ。前年3月に初めてクレムリンで中ロ首脳会談を行った際には、雲上人のように見えたプーチン大統領だった。それが、1年で6回も首脳会談を重ねるにつれて、習近平主席はだんだんと自信がついてきた。何といっても人口、経済規模から軍事費まで、中国のほうがロシアを大きく上回っているのである。

ロシア外交分析の第一人者であるドミートリー・トレーニン・カーネギー財団モスクワ所長は、私に次のように述べた。

「ロ中関係は過去100年で初めて、中国がロシアよりも強大な時代を迎えた。ロ米関係に中国が絡む時代ではなく、米中関係にロシアが絡む時代が到来したのだ。

ロ中関係はまた、イデオロギー優先の20世紀から、プラグマティックな利害関係優先の21世紀へと移行した。両国関係が蜜月なのは、プーチンと習近平という互いに強力で安定した指導者を戴《いただ》いていることが大きい」

習近平主席はCICAに合わせて、プーチン大統領と「二つの演出」を行った。一つは、中ロ合同軍事演習である。中国の外交関係者が続ける。

「われわれは当初、日本に見せつけるため、釣魚島（尖閣諸島）近海で合同軍事演習を行おうとロシア側に提案した。ところがロシア側は、ロシアとの関係改善に意欲を見せる安倍政権を刺激したくなかったのだろう。南シナ海でやろうと、逆提案してきた。だがそれでは、CICAに出席する東南アジアの指導者たちとの信頼醸成は難しくなる。というわけで、結局は東シナ海北部でこぢんまりやることにした」

5月20日、習近平主席とプーチン大統領は揃って、中ロ合同軍事演習の開幕式に参加した。相変わらずプーチン大統領は、硬い表情を崩さない。このとき、中国側はかなり執拗に、最新鋭のスホイ35戦闘機の売却を求めたが、ロシア側は拒否したのだった。

中ロ蜜月のもう一つのハイライトは、史上最大規模の天然ガス契約だった。21日、プーチン大統領と習近平主席立ち会いのもと、呉《ご》新雄《しんゆう》国家エネルギー局長とノバク・ロシアエネルギー大臣が、「中ロ東ライン天然ガス提携覚書」にサインした。続いて、中国石油天然気集団の周吉平《しゅうきつへい》会長と、ロシアガスプロムのミレルCEOが、「中ロ東ライン天然ガス供給売買契約」にサインした。

東シベリアのイルクーツク州とサハ共和国から中国にパイプラインを引き、北京・天津の首都圏、および上海地区のエネルギー不足と、石炭燃料による大気汚染問題を解消しようという計画だった。天然ガスの採掘とロシア側のパイプラインはロシア側が建設し、中国側のパイプラインは中国側の担当とした。

２０１８年から30年間、最終供給量を年間３８０億m^3とする計４０００億ドルに上る超大型商談だった。中国の２０１３年の天然ガスの輸入量は１６７６億m^3（前年比13・9％増）なので、一気に国内需要の4分の1近くがロシアから供給されることになる。

この商談は、両国が国境を画定した２００４年から行われていたが、価格面で長く膠着《こうちゃく》状態が続いていた。ところがロシアは、ウクライナ危機によって、EU向けのエネルギー輸出が不安定になり、東アジア向けを加速する必要に迫られた。一方の中国も、アメリカの新たな「中国包囲網」を牽制するためロシアとの蜜月を演出し、同時にロシア経済を握ろうとしたのである。

プーチン超え

20日に習近平主席とプーチン大統領の7回目となる中ロ首脳会談が開かれたときも、別室では天然ガス交渉が行われていた。

「ロシア側が1000m^3あたり388ドルまで下げ、中国側が380ドルまで上げ、徹夜交渉の末、21日の明け方4時ごろになって『暫定的に』価格合意に至った」（中国の外交関係者）。

合意した価格は、中国がトルクメニスタンやカザフスタンから買っている価格200ドル程度からすれば、かなりの高額だった。両国の場合は、中国が採掘からパイプライン造りまで担当しているため安くなっている。中国は東北、西北、西南、海上という4ルートからの天然ガス輸入を目指しているが、これで東北の2本目のラインが確定した。

だがその後、石油・天然ガス価格が暴落したことで、中ロは再び揉めることになる。

21日、アジア相互協力信頼醸成措置会議の第4回総会で、習近平主席は、プーチン大統領をはじめとする地域の指導者たちを前に演説した。

「いまやアジアは世界人口の67%、世界経済の3分の1を占め、多くの文明と民族の集積地となっている。われわれは前世紀の冷戦的思考から脱却しないと、21世紀に入れない。私は、積極的で持続可能なアジアの安全観を提唱したい。それは、アジアを取り巻く状況や問題は、アジアの人々自身で解決するということだ。アジアの安全は、アジアの人々が維持し保護するのだ」

アメリカへの強烈な対抗意識を滲《にじ》ませた演説だった。「アジアのことは中国に任せろ」と、オバマ政権にメッセージを送ったのである。

北朝鮮を無視して、韓国に擦り寄る

2014年夏、習近平主席は、アメリカの同盟国を離反させる旅に出た。韓国訪問（7月3日、4日）である。これは、前年6月の朴槿恵大統領訪中に対する返礼の形を取った。

中国の国家主席が、「血盟関係」にある北朝鮮を無視して、先に韓国を訪問するというのは前代未聞だった。だがそんなことを気にする習近平主席ではなかった。

習近平主席は韓国を訪問した3日、『朝鮮日報』『中央日報』『東亜日報』の韓国3大紙に特別寄稿し、両国関係の発展を誇った。

〈今年は中韓国交が正常化して22年になるが、いまや韓国にとって中国は、最大の貿易相手国である。中韓の貿易額は、韓米、韓日、韓欧の貿易額の総和より大きいのだ。両国間には、毎週800便以上の飛行機が行き交っている。昨年、両国の人々の往来は822万

人に上った。中韓はまさに、同じ船に乗って進む仲間だ〉

一方の朴槿恵大統領も、習近平主席の訪韓に先がけて、6月30日に中国中央テレビの単独インタビューに応じた。

記者「あなたは中国語を勉強されているとか」

朴「我感謝見到你！（お会いできて嬉しいです＝ややおかしな中国語）。今回、中国から贈られてくるパンダを楽しみにしています」

記者「（習近平主席が唱える）中国の夢と、あなたが唱える韓国の夢は似てますね」

朴「同じものですよ。大河が合流するように一つになり、北東アジアの夢になるのです」

記者「中国ではいま、すごい『韓流ブーム』です」

朴「韓国での『漢風ブーム』も同様にすごいですよ。韓流＋漢風の相乗効果を生めばいいですね」

記者「歴史問題では中韓が共闘すべきでは？」

朴「北東アジア最大の問題が歴史問題です。日本の一部の政治指導者が北東アジアの友好関係を悪化させている。特に慰安婦問題は、人類普遍の人権問題です。6月8日にも元慰安婦が一人亡くなり、もう54人しか残っておらず、時間がありません。それなのに、日本の一部指導者は、河野談話を毀損《きそん》しようとしている」

習近平主席は、アリババ集団の馬雲《ばうん》総裁、バイドゥの李彦宏《りげんこう》総裁など、約250人もの企業経営者を同行し、旺盛な経済外交を展開した。２０１３年の中韓貿易は２７４２億ドルに達しており、２０１５年には日中間と同規模の３０００億ドルを目標とした。

習主席と朴大統領は、１年あまりですでに５度目となる中韓首脳会談を開き、中韓ＦＴＡ（自由貿易協定）で一定の前進を見せた。人民元と韓国ウォンの直接決済を推進し、中国から韓国への８００億元規模のＲＱＦＩＩ（人民元適格国外機関投資家）資格付与も決めた。

中韓のＦＴＡ交渉は、そもそもは日中韓ＦＴＡ交渉だった。２０１２年１月に訪中した当時の李明博《イミョンバク》大統領が、中韓ＦＴＡにしようと持ちかけたが、胡錦濤主席は、「あくまでも日本を含めた３ヵ国だ」と突っぱねた。ところが、同年９月の尖閣諸島を巡る中国での反日運動を機に、いつのまにか中韓ＦＴＡ交渉になってしまったのだ。

両国の交渉は同年５月以降、このときが11回目となった。結局、２０１５年６月１日に署名にこぎつけ、同年12月20日から発効した。ＦＴＡはまさに、中韓蜜月の象徴だった。

日朝急接近

この時期、中韓接近を苦々しく思う日本と北朝鮮が、急接近していった。

「北朝鮮は、拉致被害者をはじめとする日本人に関する『特別調査委員会』を立ち上げます。そこで『行動対行動』の原則に従い、日本が取ってきた一部の（制裁）措置を解除することにしました」

安倍首相は7月3日、北朝鮮との交渉を加速させる意向を示した。日朝は同年1月以降、交渉を再開させていた。1月25日、26日の日朝極秘接触に続き、3月10日から14日まで、横田滋・早紀江夫妻がモンゴルで、孫娘のキム・ウンギョン一家との初対面を果たした。それを受けて、3月30日と31日に北京で、日朝政府間協議を1年4ヵ月ぶりに再開。5月26日から28日までスウェーデンで開いた交渉では、「ストックホルム合意」に達した。これは、北朝鮮への制裁解除と日本人の再調査を「行動対行動」で決めたものだった。

北朝鮮は、習近平主席の訪韓に抗議するかのように、6月26日、金正恩第一書記立ち会いのもと、元山《ウオンサン》付近から日本海へ向けて短距離ミサイル3発を発射した。29日には再び短距離ミサイル2発を発射。習主席訪韓前日の7月2日にも、2発発射した。

反日攻勢を強める習近平

だが、習近平主席も負けていなかった。明確な「抗日」メッセージで応酬したのだ。

7月7日、習近平主席は、北京南西郊外の盧溝橋《ろこうきょう》にある中国人民抗日戦争記念館で、「全民族抗日戦争勃発77周年記念式典」を開いた。1000人以上の幹部を、1937年のこの日に日中戦争が起こった地に結集させ、中国中央テレビに全国生中継させたのだ。

午前9時58分、中国共産党序列4位の兪正声《ゆせいせい》政協主席が、式典の開始を宣言すると、全員で国歌斉唱。続いて、習近平主席と、抗日戦争に参加した新四軍（中国共産党武装勢力）の老戦士二人と少年二人が、覆い布を引き上げた。すると全長4m、幅3・2mの巨大な彫像が姿を見せた。この日に合わせて彫造された「独立自由彫像」で、中国人民の闘争の犠牲を恐れない精神を表現していた。続いて習近平主席が演説を行った。

「1937年7月7日、日本の侵略者は、中国全土を併呑《へいどん》しようという邪悪な野心を持って砲声を炸裂させ、盧溝橋事変を起こした。ここ盧溝橋が発火点となり、中華民族は最も危険な時を迎えた。中国共産党は、民族存亡の危機を救うという歴史的任務を負って、国共合作で民族統一戦線を張って、日本の匪賊《ひぞく》どもを中国から駆逐した。

遺憾に思うのは、中国人民の抗日戦争と世界の反ファシズム戦争の勝利70周年に近い今日、いまだに少数の人間は、歴史の事実を無視し、戦争中に犠牲となった数千万人の無辜《むこ》の生命を無視し、侵略の歴史を否定するどころか美化し、地域の緊張を作り出し、中国人民だけでなく世界中の平和を愛好する人民たちの激しい譴責《けんせき》を受けていることだ」

かなり長文の演説文を読み上げる間、習近平主席は、まるで自分の演説に酔いしれるような表情を見せていた。実際には日本軍に対抗していたのは、共産党軍ではなく主に国民党軍であり、日本軍に勝利したのも共産党軍ではなくてアメリカ軍である。それが習近平主席の手にかかれば、壮大な感動の絵巻物のように、偉大なる中国共産党が悪の日本軍を駆逐する物語になり、安倍政権は軍国主義の延長となってしまうのだった。

叱責される習近平

続いて習近平主席は、アメリカに対しても演説をぶった。7月9日、10日に、北京の釣魚台国賓館の芳菲《ほうひ》苑《えん》で開かれた第6回米中戦略・経済対話で、持論である「新型の大国関係」論を、再度展開したのだ。

「35年来、中米両国は九十数個の政府間対話の枠組みを作り、貿易額は200倍以上になり、昨年は5200億ドルを超えた。双方の投資残高は1000億ドルを超える。両国は41組の友好省・州があり、202組の姉妹都市関係を結び、往来は毎年400万人を超える。いまや中米両国で世界経済の3分の1、世界人口の4分の1、貿易量の5分の1を占める。昨夏、私とオバマ大統領はカリフォルニアで、『新型の大国関係』を構築していくという共通認識に達した。このことはサンクトペテルブルクとハーグでも再確認した。

第6回米中戦略・経済対話の開幕式で、演説に臨む習近平主席。左は米国のケリー国務長官（共同）

中米の『新型の大国関係』は、空前絶後の事業である。天が高ければどんな鳥も飛べ、海が広ければどんな魚も躍る。広大な太平洋には、中米という2大国が共有できるスペースは十分にある。われわれはいまこそ、『新型の大国関係』を軌道に乗せるべきだ」

この演説を眼前で聞いていたケリー国務長官は、登壇するなり毒づいた。

「私はもう何度も、習近平主席が『新型の大国関係』と発言するのを聞いてきた。私は習主席に言いたい。『新型の大国関係』は口先だけでなく、行動を伴わせろと」

この発言に、会場は凍りついたようになった。中国の「皇帝」が、初めて他国の政治家に叱りつけられた瞬間だった。中国中央テレビは、習近平主席が出席したイベントは、すべて「最重要ニュース」として流すが、この場面だけはカットされた。アメリカのテレビ映像で確認すると、当の習近平主席は、ヘッドホンを耳に当て、苦虫を嚙み潰したような表情をしていた。

BRICS諸国で存在感

だが、アメリカ国務長官の叱責にめげる習近平主席ではなかった。アメリカにしっぺ返しすべく、7月15日から23日まで「アメリカの裏庭」南米に飛んだ。ブラジルで行われた第6回BRICS首脳会議と、アルゼンチン、ベネズエラ、キューバ訪問である。

13日、ワールドカップ決勝がブラジルで行われた。サッカー観戦は習近平主席の一番の趣味で、中国はワールドカップに、世界最高額のテレビ放映権料を払っていると言われながら、参加すらできなかった。そのため中国人は、「微信《ウエイシン》」(WeChat)で次のようなアネクドート(政治小咄)を発することで憂さを晴らした。

「準決勝で開催国ブラジルは、ドイツに7－1と歴史的大敗を喫した。これは、試合直前に北京で中独首脳会談を行った偉大なる習近平主席が、メルケル首相にパワーを与えたからだ。この事実を知ったアルゼンチンのフェルナンデス大統領は、決勝戦の前に緊急訪中を要請したが、習近平主席は『気づくのが遅い』と断った」

習近平主席は16日、ブラジル国会で演説し、中国からラテンアメリカへの投資は前年末までに800億ドルを超え、中国の対外投資額の13％を占めること、中国の輸入原油の2割、輸入大豆の6割がラテンアメリカから来ていることなどを強調した。同日ブラジルで、エクアドルのコレア大統領、ボリビアのモラレス大統領、チリのバチェレ大統領、コスタリカのソリス大統領、ペルーのウマラ大統領とも個別に会談した。このときの一連の写真や映像を見ると、習主席は、まるで「アジアの盟主」から「ラテンアメリカの盟主」に様変わりしたかのような貫禄である。

6回目となったBRICS首脳会議には、ブラジル、ロシア、インド、中国、南アフリカの国家元首が一堂に会したが、やはり目立ったのは習近平主席の存在感だった。この5ヵ国で世界人口の42％、世界の貿易量の17％を占めるが、経済力でいえば中国が残り4ヵ国の合計よりも上だからだ。このときは中国の「剛腕」で、それまで燻《くすぶ》っていたBRICS開発銀行の設立を確定させた。中国財政部関係者が語る。

「BRICS開発銀行設立も、アメリカ一極支配への反発だ。中国にとって絶対条件だったのは、本部を上海に置くことだった。習近平主席は、北京のAIIB本部と合わせて、『2トップ』にしたかったのだ。その代わり、初代の理事長はロシア人が、会長はブラジル人が、頭取はインド人が就任すること（中国の頭取は最後）で妥協した」

習近平主席は9日間の南米訪問から帰国するや、休む間もなく再び、反日キャンペーンを始めた。7月25日に、1894年の日清戦争開戦（中国では「甲午戦争」と呼ぶ）から二回り目の「甲午《こうう》」がやってきたことで、「120年前の屈辱を忘れるな！」という、国を挙げてのキャンペーンを指示したのだ。

「日本を抑え込まないと、中国はアジアの盟主になれない」――習近平主席の意志は堅固だった。8月には、48億円もの罰金を科せられた住友電気工業を始め、現地の日系企業12社が「標的」にされた。

第4章

オバマの屈服
（2014年後半）

2014年11月12日、北京の人民大会堂での歓迎式典に臨むオバマ米大統領（左）と中国の習近平主席（共同）

日中を両天秤にかけるモディ印首相

２０１４年5月26日、野心的なグジャラート州首相、ナレンドラ・モディが、第18代インド首相に就任した。日本と中国は、この日を待ち受けていたかのように、まもなく世界最大の人口大国となるインドの新たな指導者に対する激しい「綱引き合戦」を始めた。

モディ新首相はまず、7月にブラジルで行われた前述のＢＲＩＣＳ首脳会議で外交デビューを果たし、習近平主席と初対面した。そのとき習近平主席は、9月17日のモディ新首相の64歳の誕生日に合わせて、故郷のアーメダバードを訪れる約束をした。

そのことを伝え聞いた安倍首相も攻勢を強め、習近平主席の訪印直前の8月30日から9月3日まで、モディ新首相の初の単独訪問として、日本に招待したのだった。

安倍首相のインドに対する思い入れは、半端でなかった。前回首相だった２００７年8月にインドを訪問したとき、わざわざ一日かけて、当時81歳になるパール判事の息子のもとを訪れている。パール判事は、日本の戦争責任を裁いた１９４６年の東京裁判にインド代表として来日した人物で、安倍首相の外祖父である岸信介元首相をはじめとするA級戦犯容疑者の無罪を主張した。そのことを深く感謝している安倍首相は、パール判事の息子に直接、感謝を述べたかったのだ。

２０１４年の安倍外交も、インドにおける「今年の重要人物」になることから始まった。インドでは毎年1月26日の共和国記念日に、首相がニューデリー市内をオープンカーに乗ってパレードする。その際、その年にインドが最も重要視する国の指導者を招待し、オープンカーに同乗させてパレードする習慣があるのだ。そのポジションを取った安倍首相は、2泊3日で慌ただしくインドを訪問した。

それから7ヵ月を経て、モディ新首相を日本に招いた安倍首相は、インドにゆかりのある「仏教外交」を展開。8月30日に京都迎賓館で、モディ首相を歓迎する夕食会を開いた。翌31日にはモディ首相を伴って東寺を訪れ、大日如来像の前で、二人で合掌するパフォーマンスを見せながら呟いた。

世界遺産の東寺を訪れ、講堂の仏像などを見学したインドのモディ首相（中央）と安倍首相（共同）

「インドの偉大な教えである仏教は、遠く日本まで伝来し、日本人の心の癒《い》やしとなった。古代から続く両国の交流を、われわれがさらに発展させようではないか」

このとき安倍首相が進めた「仏教外交」は翌年5月、安倍首相への対抗心をあらわにする習近平主席が、モディ首相を古都・西安に招いて再現することになる。そのことは後述する。

対中封じ込め構想に消極的なインド

9月1日には、東京で日印首脳会談を開き、「日インド特別戦略的グローバル・パートナーシップのための東京宣言」という長い名前の共同声明を採択した。安倍首相が狙ったのは、日本とインドの経済関係と軍事交流の促進によって、東シナ海とインド洋で、それぞれ「中国の脅威」を共有する両国が協力しあって、中国を封じ込めることだった。

2014年上半期の日本から中国への直接投資は、前年同期比48・8%減の約2400億円にとどまっていた。これに対し、2013年の日本からインドへの直接投資額は2102億円に上り、対中投資の半額規模まで来ていた。これを倍増させ、対中投資額に匹敵させることを、共同声明に明記したのだった。加えて日本はインドに、今後5年間で3兆5000億円もの官民挙げた投融資を行うことも決めた。新幹線と原発の輸出、レアアースの輸入、グジャラート州など3ヵ所に日本専用工業団地を設置することなどである。

軍事交流に関しては、海上自衛隊とインド海軍の共同訓練の定期化、外務・防衛閣僚会議(2+2)設置へ向けた話し合いを進めることなどを決めた。外務省関係者が語る。

「安倍首相はモディ首相に、日本・アメリカ・オーストラリア・インドの『安全保障ダイヤモンド構想』を披瀝《ひれき》した。この4ヵ国による中国包囲網によって、中国の海洋進出を抑え込もうという構想だ。この構想はこれまでもたびたび浮上していたが、インドがBRICSで協力関係が進む中国に遠慮していることと、インドとオーストラリアの関係がよくないため、前に進まなかった。

いずれにしても、インドがネックになっていた。そこで安倍首相は、中国の脅威を改めて力説し、この『ダイヤモンド構想』を実現させようと、モディ首相に訴えた。安倍首相は両国の防衛協力の象徴として、自衛隊の救難飛行艇『US－2』のインドへの輸出と、日印2＋2の設置を提案した。だがモディ首相は二つとも結論を先延ばしした」

帰国前日の9月2日には、ホテルオークラでモディ首相の講演会が行われ、私も聞きに行った。壇上で朋友の鈴木修スズキ自動車会長を従えたモディ首相は、終始ご機嫌だった。品のいい土色の民族服に身を包み、グジャラート州訛りの荒々しいヒンディ語で、会場を埋め尽くした聴衆に語りかけた。

「今回は3回目の来日だが、日本を見たら、もうほかの国へ行く必要がないくらいすばらしい。同様にインドも日本企業にとって、一度投資してビジネスを始めたら、もう他国へ行きたくなくなるほど魅力に溢れた国だ。

私は日本が50年かけた成長を、いまから数年のうちに成し遂げたいのだ。神はインドに恵みを与えてくれた。12億5000万人の巨大市場、人口の65％が35歳以下という若くて優秀な労働力、そして民主主義。まさに三拍子揃った21世紀唯一の楽園がインドなのだ」

間近で見たモディ首相は、豪腕で荒々しい商人のようだった。かつ、1980年代の中国の政治家に似ている気がした。言うことがおおざっぱで、とにかく日本企業に手招きするところがソックリなのだ。それはとりもなおさず、いまのインドが、1980年代の中国のような状況にあるということなのだろう。

だが、こと防衛問題に関しては、安倍首相の積極姿勢とモディ首相の消極姿勢は、対照的だった。モディ首相は、明らかに中国を意識していた。2013年の日印貿易額は157億ドルだが、中印貿易額は655億ドルに上っていた。何よりも経済発展を望むモディ首相にとって、中国は日本よりも「4倍重要な相手」だったのだ。

江沢民派が冷や水

中国も、インドの経済的および戦略的重要性は、十二分に認識していて、モディ政権が誕生して2週間後の6月8日には、早くも王毅外相がニューデリーに飛んだ。この日、中国開発銀行が12億ドルもの借款を供与したおかげで、ムンバイの地下鉄が開通した。

習近平主席は、7月15日にブラジルで行われたBRICS首脳会議で、モディ首相と初の会談を行った。この中印首脳会談は、予定の1時間を超えて、80分に及んだ。その席で習近平主席は、次のように両国関係の重要性を説いた。

「過去10年で、両国の貿易額は、30億ドルから655億ドルに伸びた。中国からインドへの輸出は、年平均37％増加し、インドから中国への輸出は、年平均30％増加したのだ。インドにとっていまや中国は、最大の輸入国であり3番目の輸出国だ。それなのに、中国のインドへの投資額は、インド全体の0・2％にすぎず、同様にインドの中国への投資額は、中国全体の0・05％にすぎない。相互にもっと増やすべきだ。

両国を合わせれば、世界の人口の37％に達し、世界のGDPの21％に達する。両国が手を携えれば、世界に不可能はないのだ。『竜象共舞《ロンシアンコンウー》』（竜と象が共に舞う）の精神で、21世紀のアジアを両国で率いていこうではないか」

このとき、前述のように中国とインドが中心になって、BRICS開発銀行を創設することでも合意している。習近平主席のインド訪問に先がけて、9月2日に北京を訪問したインドのシタラマン商業工業大臣は、「京津高鉄」（北京—天津間の高速鉄道）に試乗した。そして10日、中国の国有車両メーカー中国南車（現在は合併して中国中車）は、ムンバイの地下鉄1号線の車両建設事業を3億元で落札したのだった。

17日午後3時前、タジキスタン、モルジブ、スリランカに続く4ヵ国歴訪のトリとして、習近平主席は最重要のインド・グジャラート州のアーメダバード空港に降り立った。空港へは、モディ首相みずからが出迎えた。

このとき、思わぬハプニングが起こった。まずは習近平主席が、モディ首相と握手しながら、にこやかに語りかけた。

「私は7月にブラジルでお目にかかったとき、次は9月のあなたの誕生日に、あなたの故郷で会おうと言った。今日、その約束が果たせて嬉しく思う」

するとモディ首相は、硬い表情のまま、ぶっきらぼうに返答したのだった。

「本当にあなたは、とんだ誕生日プレゼントを私にくれたものだ。これがチャイニーズ・スタイルというわけか？」

習近平主席は、モディ首相の発言の趣旨が分からず、きょとんとした表情をした。するとモディ首相が畳みかけるように言った。

「本日午前、中国軍がカシミール地方で、インド軍への攻撃に出た。攻撃はすでに7時間も続いている。あなたは中国軍の最高司令官だろう」

習近平主席は眉をひそめて、帯同した部下たちに確認した。すぐに随行者が北京と連絡を取って、「総書記、事実のようです」と報告した。

「わが軍はいったい何をやっているのだ。すぐにやめさせろ！」

習近平主席の怒号が飛んだ。

中国軍とインド軍は、1962年に国境沿いのカシミール地方で武力衝突を起こして以降、半世紀以上にわたって国境が画定せず、睨み合いを続けていた。だが最近は、発砲騒ぎは起こっていなかった。

この日、突然中国軍が動いたのは、習近平失脚をもくろむ人民解放軍の江沢民派幹部たちの仕業と思われた。

習近平主席が、先々代の国家主席で最強の長老である江沢民とその一派に対する権力闘争を仕掛けてから、すでに2年近くが経過していた。習主席は2013年12月に、江沢民派の大幹部で、石油・公安・四川省利権を掌握していた周永康《しゅうえいこう》前常務委員（共産党序列9位）を拘束。2014年に入ると、人民解放軍の江沢民派幹部に対する攻勢を強めていた。6月30日には軍の江沢民派の両巨頭の一人、徐才厚《じょさいこう》元中央軍事委員会副主席の党籍を剝奪し、最高人民検察院に身柄を送った。このため軍内部に大きな動揺が起こっていた。

すっかり恥をかかされた習近平主席は、翌10月末に、徐才厚を起訴するとともに、軍のトップ400人を福建省の古田に集結させ、「党中央（習近平総書記）への忠誠」を誓わせたのだった。古田は、毛沢東が紅軍を掌握した1929年の古田会議で知られる「共産党軍の聖地」だ。

習近平主席は改めて、モディ首相に詫《わ》びた。だがモディ首相とて、このような「些事《さじ》」によって、インド最大の貿易相手国との関係を悪化させるつもりはなかった。

「戦闘がストップしたなら、もうよい。いまから習主席をガンジーの故居に案内しよう」

そう言って、インド独立の父ガンジーの故居と、近くの河岸公園を案内した。習近平主席はガンジーの銅像に花をまき、ガンジーが愛用していた織機を自分で動かしてみた。公園では、夕陽に照らされながら、二人してハンモックに揺られた。習近平主席は頃合いを見て、準備していたセリフを吐いた。

「あなたの故郷のここグジャラート州は、唐代の高僧・玄奘《げんじょう》（602年～664年、別名「三蔵法師」）が、仏教の経典を取りにきた場所だ。両国の悠久の交流史の中でも、特別な地位を占めている。『千里の道も一歩から』で、これから二人で手を携えて、両国関係を発展させていこうではないか」

するとモディ首相も、笑顔で答えた。

「あなたの考えに完全に同意する。私もあなたに、すばらしい言葉を贈ろう。それは『INCH』（2・54cm）だ。インドとチャイナを合わせてインチだ。両国がこんなわずかな距離にいるようにという英語の思し召しではないか」

そう言ってモディ首相は、自分の右手の親指と人差し指を近づけてみせた。

「それはすばらしい言葉だ。中国語にも『竜象共舞』（竜と象が共に舞う）という言葉がある。われわれはインチと『竜象共舞』の関係を築き、21世紀のアジアと世界を牽引していこうではないか」

迎賓館に戻った両首脳は、変電設備の産業園設立

インド・グジャラート州アーメダバードで手を振る習近平国家主席（左）とモディ首相（ロイター＝共同）

と、広東省とグジャラート州、広州市とアーメダバード市の姉妹都市関係の調印式に立ち会った。別れ際、モディ首相は、「今日は忘れがたい誕生日になった」と語り、今度はすっきりした笑顔で習近平主席と握手したのだった。

翌18日、両首脳はニューデリーに飛んで再度、中印首脳会談を行った。会談後、両首脳は経済貿易、金融、交通運輸、税関、文化などの分野での提携署名式に参加した。

習近平主席はその後、インド世界問題評議会で、「手を携えて民族復興の夢を求めよう」と題する講演を行い、「21世紀はアジアの世紀であり、その中心は中国とインドだ」と、再度強調。「5年以内に両国の貿易額を1500億ドルにして、中国は南アジアに300億ドルを投資する」とブチ上げた。習近平主席も安倍首相と同様、インドを本気で取り込もうとしていた。

雨傘革命

9日間の外遊から帰国した習近平主席は、内政と外交の二つのビッグイベントに、精力を集中させた。10月20日から23日まで開かれる「4中全会」（中国共産党第18期中央委員会第4回全体会議）と、11月8日から13日まで開かれる北京APECである。

だがこの二つのビッグイベントを前に、中南海ににわかに暗雲が垂れ込めてきた。それは、香港で起こった「雨傘《あまがさ》革命」だった。

1840年のアヘン戦争に敗れてイギリスに割譲した香港は、江沢民時代の1997年7月に、イギリスから中国に返還された。だが香港返還には条件がついていて、それは「一国二制度を50年間動かさない」ということだった。具体的には、外交と防衛以外の分野は香港人の自治に任せる、いわゆる「港人治港《ガンレンジーガン》」だ。

江沢民と胡錦濤の時代は、「万事波風を立てない」ことを旨とする政権だったので、北京政府と香港との間に大きな問題は起こらなかった。むしろ、チャイナ・マネーの投資や中国人観光客の「爆買い」によって、香港経済は潤っていた。

ところが、習近平主席の基本的な考え方は、「そもそも中国に『屈辱の100年』をもたらしたイギリスが悪いのであって、香港は昔もいまも中国の一部だ」というものだった。「50年間動かさないと鄧小平は言ったが、香港で中国に不利益なことは許さない」とも考えていた。特に業《ごう》を煮やしていたのが、「言論の自由」を盾にとって、自分のファミリーをはじめとする中南海のスキャンダル本を香港で出版していることだった。これには、国内で仁義なき権力闘争を続ける江沢民一派が関与しているに違いないと踏んでいた。

そこで2014年夏、張徳江《ちょうとくこう》全国人民代表大会常務委員長（国会議長）に、香港は中国の一部であることを示すよう命じたのである。張徳江は8月31日、2017年の香港行政長官選挙は香港人による直接民主選挙を行わず、一言で言えば北京政府の意にかなった人物の中から選ばせるという決定をしたのだった。

するとこれに異を唱える香港の学生たちが、傘を持参して「雨傘革命」と称するデモと座り込みを行い、香港中心部のセントラル地区を占拠した。このときの習近平主席の心情について、ある中国共産党関係者は、次のように述べた。

「習近平主席は、江沢民一派が、香港の若者たちにカネを渡して動乱を起こそうとしていると考えていた。『4中全会』のテーマが『以法治国《イーファジーグオ》』（法治国家の確立）だったので、香港の民主化運動に火をつけることで、中国が法治国家でないことを、ＡＰＥＣで訪中する世界の要人たちに見せつけようとしていると警戒していたのだ。そこで徹底した取り締まりを、梁振英《りょうしんえい》香港行政長官に要求した。『香港版天安門事件』に発展するのなら、大陸から人民解放軍を大挙して送り込んでも押さえ込むという強い覚悟だった」

中南海の勢いに気圧された香港当局は、硬軟織り交ぜながらも、最後は香港警察を総動員して、なんとか難局を乗り切ったのだった。

9月30日午後に人民大会堂で開かれた「中華人民共和国建国65周年招待会」で、習近平主席は、久々に顔を合わせた88歳の江沢民元主席を、完全に無視した。そうすることによって、自分こそが「皇帝」なのだということを、中南海の面々に見せつけたのだった。

習近平主席は、香港問題で海外の批判にもまったく動じなかった。北京ＡＰＥＣの根回しのため、9月末に王毅外相をワシントンに派遣したが、10月1日のライス安保担当大統領補佐官との会談中に、オバマ大統領が異例の参加をしてきた。そして「香港住民の声に耳を傾け、平和的な対応を望む」と注文をつけ、ケリー国務長官とライス補佐官も同様の発言をした。これに対し王毅外相は、習近平主席の意思を代弁するかのように、「内政干渉は断じて許さない」と一蹴したのだった。

北京ＡＰＥＣへの途

そんな中、10月23日に「4中全会」を無事に乗り切った習近平主席は、休む間もなく北京ＡＰＥＣの準備に取りかかった。

24日、人民大会堂で、習近平主席立ち会いの下、アジアや中東の21ヵ国の代表が集まって、「ＡＩＩＢ設立に関する政府間枠組み協議覚書」の調印式が行われた。ＡＩＩＢ（アジアインフラ投資銀行）は、先進国主導の世界の金融体制を打破すべく、そして「一帯一路」のエンジンとすべく、習近平政権がアジアと世界に呼びかけて２０１５年末に設立予定の投資銀行である。各国代表を前に習近平主席は、満足げな表情を浮かべながら述べた。

「人心が結束すれば、泰山《たいざん》だって動かせるのだ。今後とも、あらゆる国の参加を歓迎する。中国はいままさに、『二つの１００年』（２０２１年の中国共産党創建１００周年と２０４９年の建国１００周年）の目標に向かって邁進《まいしん》中だ。アジアの国々が手を携えて、『一帯一路』とＡＩＩＢを建設していこう」

21ヵ国の代表者たちは、割れんばかりの拍手を送った。そしてシンガポールの尚達曼《シャンダマン》副首相が、代表して習近平主席に感謝の意を述べたのだった。

ＡＩＩＢの覚書の調印式をこの日に設定したのは、その前々日まで北京で、ＡＰＥＣ財相会合が開かれていたからだった。そこに参加したアメリカのルー財務長官や日本の麻生太郎財務相らに、華々しい調印式を見せつけて、日米の参加を促そうとしたのである。

実際、中国のもくろみどおり、ＡＰＥＣ財相会合は、ＡＩＩＢの話題で持ち切りとなった。中国の楼継偉《ろうけいい》財政部長（財務相）は、各国の財相を前に、次のように説明した。

「ＡＩＩＢは、世界銀行（ＷＢ）とアジア開発銀行（ＡＤＢ）を補完する機関であって、対立するものではない。既存の両行は、貧困撲滅を目的とした機関だ。だがＡＩＩＢは貧困撲滅に加えて、商業的なインフラ整備にも融資し、アジア地域の国を越えた提携を深めていく。まずはアジア地域の、次にアジア地域以外の国の参加を歓迎する」

厳戒態勢の北京

11月に入ると、首都・北京は10日、11日のＡＰＥＣを前に、厳戒態勢に入った。

ＡＰＥＣ（アジア太平洋経済協力会議）とは、１９８９年に、アジア太平洋地域の貿易と投資を自由化し円滑化させようというオーストラリアのホーク首相の呼びかけで、日本やアメリカなど12ヵ国が参加して始まった国際機構である。いまでは21ヵ国・地域に拡大し、秋のアジア太平洋地域最大のイベントとなっている。

ＡＰＥＣは２００１年に、初めて中国で開かれた。翌年に共産党総書記の座を胡錦濤に委譲することになっていた江沢民主席は、10年以上に及んだ江沢民時代の総決算となる壮大な大会を、みずからの地盤である上海で開いた。この大会のために浦東《ほとう》新区に巨大なコンベンションセンターを造り、世界初のリニアモーターカーを誘致し、ニューヨークを髣髴させる摩天楼都市を築いた。そうして世界のＶＩＰたちに、みずからの偉大さと、21世紀は中国が牽引する世界になるのだと印象づけたのだった。このとき私も取材で上海を訪れたが、21世紀の東アジアの中心が、日本から中国へ移っていく予兆を感じたものだ。

それから13年後、やはり故郷の北京にＡＰＥＣを誘致した習近平主席にも、思惑があった。それは、このビッグイベントを利用して、アメリカと「新型の大国関係」を確立し、周辺諸国とは「一帯一路」を推進し、「アジアの皇帝」として認知させることだった。

オバマ大統領は、4月の日本訪問のときとは異なり、喜んで国賓待遇の中国公式訪問を受け入れた。中国は、まず8月末に鄭沢光《ていたくこう》外交部長助理（外務次官）が訪米することから、アメリカとの下交渉を開始した。9月初旬には、オバマ大統領最側近のライス安保担当大統領補佐官が訪中し、習近平主席らと会談した。同月、中国海軍トップの呉勝利海軍司令員が訪米。9月30日から10月2日までは、王毅外相が訪米し、オバマ大統領、ライス補佐官、ケリー国務長官と会談した。その後、11日には王冠中《おうかんちゅう》軍副総参謀長が訪米し、第15回米中国防会議に臨んだ。18日から20日には、楊潔篪国務委員がケリー国務長官、ライス補佐官、ヘーゲル国防長官と会談し、最終的な詰めを行った。

ここまで積み上げたうえで、アメリカで中間選挙が行われた11月4日、ケリー国務長官がジョンズホプキンス大学で行った講演で、これまでよりも一歩踏み込んだ発言をした。

「米中関係は、世界で最も重要な2国間関係だ。21世紀の世界は、アメリカと中国とが形作っていくだろう」

この発言は、いわばアメリカからAPECを開く中国に向けた「祝砲」だった。夏にはケリー長官も中国批判をぶったが、その後のシリアとウクライナ問題の迷走で、東アジアのことは中国に頼らざるを得なくなっていったのである。

APECブルー

北京はAPEC期間中、習近平主席の「鶴の一声」で突如、6連休となった。工場は稼働をストップ、工事現場は作業をストップ、自動車は半数に制限をかけて(ナンバープレートの末尾で奇数日と偶数日に制限)、何とか「通常の空気」と「静かな街並み」を取り戻したのだった。2200万市民はこれを、「APECブルー」と皮肉を込めて呼んだ。

習近平主席のAPECでの一連の行事は、11月7日のタジキスタンのラフモン大統領との首脳会談から始まった。陪席したのは王滬寧《おうこねい》、栗戦書、楊潔篪の3人だった。この3人はその後も、習主席が出席するほとんどの場所に陪席した。

タジキスタンは習主席が9月に訪問したばかりで、タジキスタンから中国に引く天然ガスのパイプラインを予定どおり完成することを約束しあった。ラフモン大統領は「シルクロード経済ベルト」への期待と賛辞を述べた。

続くカンボジアのフンセン首相との首脳会談では、互いに「運命共同体」とまで言い切った。華僑の息子であるフンセン首相も「一帯一路」を絶賛。中国にとってカンボジアは、ASEAN10ヵ国の中で、ラオスと並ぶ「中国代弁人」だった。

翌8日、習近平主席は朝から立て続けに4人の首脳と、人民大会堂で会談した。トップバッターのミャンマーのテインセイン大統領とは、同国が中国から日米欧に「パートナー」を乗り換えたことで、一時関係がギクシャクしていた。だがミャンマーは、中国がAIIBを提唱すると再び秋波を送り、習主席に早期の訪問を要請して媚びた。

2番手のバングラデシュのハミード大統領も「一帯一路」を誉め上げ、AIIBに加わった。3番手のラオスのチュンマリ主席も、習近平主席を「同志」と呼び、同様の態度を見せた。4番手のパキスタンのシャリフ首相とも、互いに「運命共同体」と言い合って、「習近平主席の方針に全面的に従う」との言質を取った。

続いて、場所を釣魚台国賓館に変えて、モンゴルのエルベグドルジ大統領との首脳会談に臨んだ。両首脳にとって、すでに年内5回目の対面であり、8月の習近平主席のモンゴル訪問で両国の関係を、全面的な戦略的パートナーシップ関係に格上げしていた。いまやモンゴルの両側を挟む中ロ両大国が史上最良の蜜月関係にあるのだから、モンゴルは両国を活用しない手はなかった。習近平主席が、「北京とモスクワを結ぶ高速鉄道を敷きたいが、モンゴルにも協力してほしい」と、改めて持論を展開すると、エルベグドルジ大統領は「ぜひウランバートルを経由してほしい」と言って、恭順の意を示したのだった。

愚公移山

　この日の午後、習近平主席は釣魚台国賓館で、「相互接続パートナーシップ強化対話会議」を主催した。これは周辺のＡＰＥＣ非加盟国の首脳らを集めた会議で、前述のメンバーを含め、8人の各国首脳らが参加した。習近平主席は次のように述べた。

「中国には『愚《ぐ》公《こう》移《い》山《ざん》』という故事がある。数千年前に、愚公（愚かな貴族）と呼ばれる老人がいて、『家の前を塞いでいる二つの大きな山をどかす』と宣言した。すると隣人たちは嘲笑した。だが愚公は大まじめで、『山がこれ以上大きくなることはないのだから、私が山を削り、次に息子が削り、孫が削り……と進めていけば、いつの日か必ずや山をどかせるはずだ』と述べた。この愚公の精神に感動した天の神は、愚公に協力して二つの山をどかしてしまい、外界との通行を可能にさせた。このようにわれわれが本気で外界との通行、通商を願えば、奇跡はかなうのだ。古代のシルクロードが、その好例ではないか。

　昨秋から私は『一帯一路』とＡＩＩＢを提唱しているが、すでに多くの国の賛同を得ている。『一帯一路』は、今後のアジア発展の両翼であり、AIIBはその血脈なのだ。

中国は、パキスタン、バングラデシュ、ミャンマー、ラオス、カンボジア、モンゴル、タジキスタンなどとの国境鉄道整備を、最優先で進めていく。建設に際する資金を提供するため、私はここに、AIIBとは別に、中国が400億ドル規模の『シルクロード基金』を設立することを宣言する。これはいわば『一帯一路建設資金』だ」

このとき習近平主席が、「愚公移山」の故事を挙げたのには訳があった。

「この故事の引用元は『列子《れっし》』だが、あまりに非現実的な説話のため、2000年間、無視されてきた。それを大仰に復活させたのが、毛沢東元主席だった。毛沢東は『門前を遮る二つの大山』を、国民党と日本軍になぞらえて、共産党軍に『愚公移山の精神』を説いた。そのため習近平主席は、『毛沢東の精神で周辺諸国を従える』という決意を表明したのだ」（前出の中国共産党関係者）

翌9日午前9時、習近平主席は、北京北郊の国家会議センターで開かれたAPEC・CEOサミット開幕式に姿を見せた。そして17ヵ国・地域から集まった1500人あまりの来賓者を前に、自信に満ちた口調で講演した。

「中国経済は『新常態』（ニュー・ノーマル）の時代に入った。それは高速成長から中高速成長への転換であり、経済構造の進化であり、投資主導型から創意主導型への転換である。新常態は中国に新たな機会をもたらすのだ。

今後10年間で、中国から他国・地域への投資は1兆2500億ドルに上り、今後5年間の中国の輸入は10兆ドルに達し、中国人の海外旅行客は5億人に達する。中国のアジア太平洋地域の経済発展に対する貢献と機会は、計り知れない」

習近平に屈服する各国首脳

習近平主席は人民大会堂に戻ると、立て続けに7ヵ国・地域の首脳との会談に臨んだ。まずは、10月に大統領に就任したばかりのインドネシアのジョコ・ウィドド大統領だった。ジョコ・ウィドド大統領は、日本からのプレッシャーを受けてそれまで渋っていたＡＩＩＢへの参加を表明し、習近平主席を喜ばせた。その際、「先月のＡＩＩＢの覚書調印式に参加できなかったのは、政権発足直後で余裕がなかったからだ」と言い繕《つくろ》った。

2番手は、香港特別行政区の梁振英長官である。習近平主席は前述のように強い口調で、学生デモの早期鎮静化を梁行政長官に求めた。２０１2年3月の行政長官選挙で、中国共産党に絶対忠誠を誓うことで逆転勝利した梁振英は、習主席に頭が上がらなかった。

3番手は、台湾の蕭万長《しょうばんちょう》両岸共同市場基金会名誉会長（元副総統）だった。習近平主席は、台湾が中国の一部であることを示すため、わざわざそれまでの首脳会談場所だった人民大会堂東大庁の大広間から「福建省の間」（人民大会堂には各省ごとの部屋がある）に場所を変えて、会見に臨んだ。バックに「青天白日満地紅旗」（中華民国国旗）の掲揚はなく、呼称はただの「簫万長先生」である。中国語の「先生」は「〜さん」の意味しかない。

このとき、台湾には「中韓FTAショック」が広がっていた。中韓FTAがまもなく発効することで、中国市場でことごとく韓国と競合している台湾は、GDPが0・5%減ると試算していた。これに対し習主席は、中国が別個に台湾企業に補助金を出すことや、早めにサービス分野での協定を結ぶこと、それに11月初旬に視察したばかりの福建省の出島・平潭島《へいたんとう》の総合実験特区の共同開発についても提案した。

4番手は、カナダのハーパー首相だった。ハーパー首相は、中国がかねてから求めてきた人民元での貿易決済について前向きな発言をした。

5番手は、5月の軍事クーデターで全権を掌握したタイのプラユット新首相（前陸軍司令官）。習近平主席は、プラユット首相のような豪腕な軍人とは、きわめて波長が合う。習主席が、「タイでの鉄道建設を、来年の国交正常化40周年の目玉事業にしたい」と述べると、プラユット首相は「いや、鉄道に農業協力を加えて2本柱にしよう」と返した。

6番目は、シンガポールの李顕竜《リシエンロン》首相である。李首相との会談では、それまでの会談のように相手国の開発の話題ではなく、中国国内をシンガポールがどう開発するかということが議題だった。習近平主席は蘇州《そしゅう》工業園区と天津生態城、それに西部開発を挙げて、協力を要請。李首相はそれに加えて、「一帯一路」とAIIBでも協力を約束した。

この日の最後は、ロシアのプーチン大統領だった。前年3月に習近平が国家主席に就任して以降、このときがじつに10回目のプーチン大統領との首脳会談だった。すでに兄貴のような貫禄がついた習近平主席は、プーチン大統領と、2015年にロシアと中国がそれぞれ5月と9月に第二次世界大戦勝利70周年式典を開催し、互いにメインゲストとして参加することを最終確認した。

翌10日も、習近平主席は分刻みのスケジュールをこなした。朝から人民大会堂で5人の首脳との会談である。トップバッターは、2015年のASEAN議長国マレーシアのナジブ首相だった。マレーシアは前世紀のマハティール時代、「ルック・イースト政策」で日本を頼っていた。だが、いまやASEAN10ヵ国中、最大の対中貿易相手国で、中国びいきだった。ナジブ首相は前日の習近平演説を誉め上げ、習近平主席は、2015年末に発足するASEAN経済共同体（AEC）への全面的な協力を約束した。

2番手は韓国の朴槿恵大統領。こちらもすっかり「親中路線」を貫いているだけに、リラックスした会談となった。両首脳は会談後、中韓FTA締結覚書の署名式に立ち会った。

首脳会談実現に奔走する福田元首相

次に行われた安倍首相と習近平主席の初の日中首脳会談については、少し紙幅を割いて述べたい。

習近平主席は、安倍首相に遅れること2ヵ月あまり、2013年3月に国家主席に就任して以降、日中首脳会談を行う条件として、一貫して2点を要求していた。それは、首相・外相・官房長官が靖国神社を参拝しないことと、尖閣諸島は日中双方が領土を主張する紛争地であると日本が認めることである。

これに対し、安倍首相の主張は、以下のとおりだった。まず靖国神社の参拝については、自分が参拝するかどうかは明言しない。閣僚の参拝は個々の判断に任せる。次に尖閣諸島に関しては、争う余地のない日本固有の領土であり、そこには領土問題は存在しない。そのうえで、「前提条件なしの日中首脳会談」を、中国側に求めてきたのだった。

2013年12月26日に、安倍首相は靖国神社を参拝した。そのことで中国側は態度を硬化させ、2014年も11月のAPECまで、日中首脳会談は実現していなかった。

安倍首相は、この年の12月14日に総選挙に打って出た。総選挙を行うためには、経団連をはじめとする経済界の支援が必要だが、経済界は日本の最大の貿易相手国である中国との早期の関係改善を求めていた。加えて安倍首相は、総選挙の前に目に見える外交実績がほしかったが、ロシアや北朝鮮との関係が急失速していく中で、APECで「仇敵《きゅうてき》」の習近平主席と握手することは、大きな得点になると見込まれた。

こうしたことから、日本側から積極的に、中国側に働きかけたのである。もとより中国としても、ホスト国として日本の首相だけ無視するというのは格好が悪かった。

この年の夏に動いたのが、福田康夫元首相だった。福田元首相と安倍首相は、同じ派閥

（清和会）の同じ二世議員同士で、小泉純一郎政権時代には、官房長官と官房副長官として首相官邸に勤務していたが、ハト派とタカ派でウマが合わなかった。福田氏は、官房長官は外遊しないという禁を破って2003年8月に訪中したほどの親中派で、安倍氏は靖国神社を参拝する対中強硬派だった。そのため2012年末に第二次安倍政権が発足すると、福田元首相は首相官邸に寄りつかなくなった。

それが2014年7月、首相官邸の裏門から、こっそり入ってきた。懐かしい首相応接室に通された福田元首相は、久々に対面した安倍首相に告げた。

「11月のAPECでは、絶対に習近平主席との日中首脳会談を行うべきだ。私はボアオ・アジア・フォーラムの理事長として、習近平主席と会っているが、話の分かる指導者だ。私は今月末にも訪中し、習近平主席と会う予定だ。

習近平主席が要求しているのは、総理が靖国に参拝しないことと、尖閣が日中の係争地であると認めることだ。この2点を何とかすれば、日中関係を好転させられる」

これに対し、安倍首相が答えた。

「中国と2006年に戦略的互恵関係を結んだのは私だし、日中関係が大事なことは重々承知している。できればAPECで、習近平主席との初の首脳会談を実現させたい。

靖国参拝に関しては、昨年末に一度、参拝したので、この夏参拝する気はない。尖閣は、中国側が何と言ってこようが、日本固有の領土だ」

福田元首相が述べたボアオ・アジア・フォーラムとは、毎年１月末にスイスのダボスで開催される「ダボス会議」（世界経済フォーラム年次総会）に参加して感銘を受けた当時の朱《しゅ》鎔基《ようき》首相が、「中国にアジア版ダボス会議を作れ」と命じて始まった国際フォーラムである。第１回は、２００２年４月に海南島のリゾート地・博鰲《ボアオ》で開かれ、小泉首相も参加した。以後、毎年４月に同地で開催されている。２００８年９月に首相の座を降りた福田氏は、２０１０年４月の同フォーラムで理事長に選出された。中国共産党関係者が語る。

「福田元首相の最大の『中国の朋友』が、蔣暁松《しょうぎょうしょう》だ。蔣は１９５１年、上海生まれで、著名な映画監督・蔣君超《しょうくんちょう》と、かつての国民的女優・白楊《はくよう》の息子だ。蔣君超と白楊は、習近平の父・習仲勲元副首相と親しく、蔣暁松は習近平夫人の彭麗媛と仲がよかった。蔣暁松は１９８０年に、勤務先の上海交通大学を辞めて、３年間日本に留学し、映画やドラマの撮影を学んだ。以後、細川護熙《もりひろ》元首相に食い込んで日本の政界人脈を築き、その関係で２００２年に、ボアオ・アジア・フォーラムの日本担当副理事長に就任した。福田元首相を理事長に推したのも蔣だ。蔣は習家に出入りできる立場を利用して、習主席と福田元首相をつないだのだ」

日本外交に汚点を残す譲歩

福田元首相は２０１４年７月27日、極秘裏に北京に入った。まずは「旧友」の王毅外相と会い、2時間以上にわたってAPECでの日中首脳会談について細部を詰めた。続いて楊潔篪外交担当国務委員と会い、そのうえで中南海で習近平主席と、非公式の面会を果たしたのだった。この面会は、行われたことすら口外しないという条件で実現した。

習近平主席は大人《たいじん》風で、細かいことは口にせず、「アジアの平和と安定のために日本との関係を重視している」と述べた。福田元首相は、安倍首相から託された伝言と、日中関係改善に対する自分の思いを告げた。

こうして福田元首相によって、APECでの日中首脳会談に向けた橋渡しがなされた。だが、その後、外務省や自民党右派の対中強硬派の巻き返しに遭った。彼らの立場は、首相らの靖国参拝は日本の内政問題であり、中国は内政干渉すべきでない。また尖閣諸島に関しては、過去も現在も日本固有の領土であり、そこに領土問題は存在しないというものだった。基本的には安倍首相も、その立場に立っていた。

福田元首相は、10月29日に再び北京で習近平主席と短時間会談したが、結論は出なかった。そこでAPECを直前に控えた11月6日、安倍首相は懐刀である谷内《やち》正太郎《しょうたろう》国家安全保障局長を北京に送り、楊潔篪国務委員と直談判させた。深夜に及んだ交渉の末、翌7日夕刻に、日中双方は「4つの合意文書」を同時発表した。
① 双方は、日中間の4つの基本文書の諸原則と精神を遵守し、日中の戦略的互恵関係を引き続き発展させていくことを確認した。

②　双方は、歴史を直視し、未来に向かうという精神に従い、両国関係に影響する政治的困難を克服することで若干の認識の一致をみた。
③　双方は、尖閣諸島等東シナ海の海域において近年緊張状態が生じていることについて異なる見解を有していると認識し、対話と協議を通じて、情勢の悪化を防ぐとともに、危機管理メカニズムを構築し、不測の事態の発生を回避することで意見の一致をみた。
④　双方は、さまざまな多国間・2国間のチャンネルを活用して、政治・外交・安保対話を徐々に再開し、政治的相互信頼関係の構築に努めることにつき意見の一致をみた。
この合意文書のポイントは②と③にあった。外務省関係者が、悔しさを滲ませながら語る。

「結局は、靖国を取るか尖閣を取るかという選択になった。安倍首相は、翌月に控えた総選挙で右派勢力の票が減ることを恐れて、『合意文書の中に靖国神社という単語だけは入れたくない』と谷内局長に告げた。そのため、尖閣問題で譲歩を迫られたのだ。

中国は、この合意文書をただちに、中国側の解釈に基づいて英訳し、国際社会に流布した。その英訳を読めば、日本が尖閣諸島の帰属問題について日中間で争議になっていると認めたと解釈できた。実際、中国の官製メディアはいっせいに、そう報じた。この合意文書は、将来の日本外交に禍根を残す恐れがある」

安倍首相は11月9日、ちょうど50ヵ国目の訪問国として、昭恵夫人を伴って、北京首都国際空港に降り立った。夜には、北京で一番人気の高級北京ダック店「大董《ダートン》」で、随行者や北京の日本人代表たちと舌鼓を打った。

初の日中首脳会談を前に、仏頂面で握手を交わす中国の習近平国家主席（右）と、安倍首相（共同）

仏頂面対談

こうして紆余曲折の末、翌10日午前11時50分、安倍首相と習近平主席との初めての日中首脳会談が実現した。それは、日中交流史に残る25分間の「仏頂面会談」となった。

そもそも一国の首脳同士が会談を行う時には、必ず両国の国旗がバックに掲揚されるのが外交慣例だが、習近平主席は安倍首相と会談するときだけ、日の丸を掲揚させなかった。これは、安倍首相を日本国の代表と認めていないに等しい。

さらに、安倍首相が覚えたての中国語で習近平主席に挨拶したにもかかわらず、習主席は仏頂面をしたまま無言。そしてあげく安倍首相を無視して、安倍首相の随行者たちと仏頂面の握手を始めてしまった。
これも外交慣例上、非礼な行為である。ホストとして、会談相手をエスコートして会談場所へ案内するのが国際常識だからだ。さらに会談に同席させた幹部は楊潔篪国務委員だけと、そっけなさを見せつけた。新華社通信によれば、二人は次のような会話を交わした。

習「この2年間、中日関係が深刻な困難に陥っていた理由は明白だ。中日双方は今回、関係改善のために『4つの合意文書』を発表した。中国としては、日本がこの合意の精神に照らし合わせて、関連問題に善処することを切実に希望する。歴史問題は、13億人あまりの中国人の国民感情に関わる問題であり、この地区の平和と安定、発展の大局に関わる問題だ。日本は、両国で取り交わした政治文件と村山談話など、ただ歴代両政府が合意したもののみによって、アジアの隣国と未来の友好関係を発展させることができるのだ」

安倍「中国の平和的な発展は、日本と世界にとって重要なチャンスだ。今回『4つの合意文書』に達したことで、わが政権も歴代日本政府の歴史問題の認識を堅持するものだ」

新華社通信の報道と、中国中央テレビが報じた映像を見ると、あたかも日本が中国に屈服したかのように映った。

そもそも「4つの合意文書」の3点目で、安倍首相が尖閣問題の「パンドラの箱」を開けてしまったせいで、中国国内では早くも、「日本が島の領土問題を認めた」↓「中国の

首脳会議の歓迎夕食会に臨む（左から）ブルネイのボルキア国王、ロシアのプーチン大統領、中国の習近平国家主席、彭麗媛夫人、オバマ米大統領とインドネシアのジョコ・ウィドド大統領（新華社＝共同）

領有権が認められた」→「早く島を奪取すべきだ」と、議論がどんどん前のめりになっていった。まさに安倍政権は、尖閣問題を鎮める目的で、尖閣問題に火を点けてしまった格好だった。これは、2012年に野田佳彦政権が「尖閣を都有化すれば日中関係が悪化する」と考えて、尖閣問題を鎮める目的で国有化したときと似ていた。

〝習近平皇帝〟の演説

夕方6時半、APEC首脳会議の開幕を告げる晩餐会が、北京北郊の「水立方《すいりっぽう》」で開かれた。習近平主席と彭麗媛夫人が入り口の「虹の門」の赤絨毯前で、各国の首脳夫妻を出迎える。全員が着席したところで、習近平主席が挨拶した。

「今日は皆さんに中国伝統の服装を着てもらった。そのせいか非常に親近感を持って映る。ここは2008年の北京オリンピックの水泳会場となった場所で、44個の金メダルを生み、25の世界新記録を樹立した。今日の北京は『APECブルー』で、空も心も澄みきっている。アジア太平洋地区の発展のために乾杯！」

舞台上では「満開の牡丹《ぼたん》」が舞踏で表現され、400人あまりの歌手が「青春舞曲」を歌った。続いて竜が舞って、「同舟の協力」が歌舞で表現された。その後、花火が打ち上げられ、640人の太鼓実演が広場で行われた。まさに「習近平皇帝の権威」を各国首脳に見せつけた夜だった。

翌11日午前9時半、北京市北郊の懐柔区《かいじゅう》にある雁栖湖《がんせいこ》の国際会議センターで、「未来のアジア太平洋パートナーシップ関係を共に作る」と題した、北京APEC首脳会議が行われた。まずは主催者である習近平主席が挨拶した。

「この湖には、毎年春と秋に雁の群れがやってくるため、『雁の栖家《すみか》』という名前がついた。われわれも21羽の雁のように、協力して発展してこうではないか。

APECは今年で25周年を迎えた。それは、アジア太平洋地域の発展の25年だ。

1輪の花が咲いただけでは春は来ない。1羽の雁では飛んでゆけない。われわれが世界経済を率いる先頭の雁となって、青い天空に羽ばたいていこう！」

思えば20世紀後半のアジア発展の雁行《がんこう》モデルは、日本が先頭で牽引し、その後ろを「4頭の小竜」（韓国・台湾・香港・シンガポール）、ASEAN、中国の順で連なって発展するというモデルだった。それを習近平主席が、21世紀のアジア発展の雁行モデルは、日本に代わって中国が牽引すると宣言したようなものだった。

首脳会議の後、「北京綱領」と「APEC25周年記念声明」が発表された。まさに、中国が中心となってアジア太平洋地域の経済を牽引していくという、習近平主席の強烈な気迫と気骨を感じさせたAPEC首脳会議だった。

首脳会議を終えた習近平主席は、日本、ベトナムとともに関係が悪化しているもう一つの隣国、フィリピンのアキノ大統領と、「立ち話」を交わした。南シナ海の領土問題を巡って、両国は深刻な対立が続いているが、対話による解決を確認しあったのだった。

習近平主席としては本来、フィリピンのような小国は、有無を言わさず抑え込んでしまいたいところだった。だがやっかいなことにフィリピンは、アメリカに軍事基地を22年ぶりに提供することで、米中対立に持ち込んで中国に対抗しようとしていた。

尖閣諸島問題で対立する日本には、長年にわたってアメリカ軍が駐留している。南シナ海の領有権問題で対立するもう一つの国、ベトナムも、前世紀に血みどろの戦争を戦った相手にもかかわらず、アメリカ軍に助けを求めていた。

このように中国にとって東アジアの問題は、すべてアメリカとの問題に帰着した。中国が最大の核心的利益としている台湾問題も然りである。実際、習近平主席にとって北京APECは、周辺諸国外交と並んで、アメリカとの「新型の大国関係」構築のためのイベントでもあった。「アジアの盟主」になるには、アメリカの「承認」が必要なのである。

そのため首脳会議が終了し、中庭で記念写真を撮ると、習近平主席はすぐさま、オバマ大統領の1泊2日の国賓訪問への対応に切り替えたのだった。

オバマ大統領にしてみれば、北京APECは、中間選挙での歴史的敗北という失意の中での外遊だった。今後、連邦議会との対立が見込まれるうえ、外交でもウクライナ危機を巡るロシアとの対立、シリア、イラクの内戦とIS（イスラム国）の台頭、イランの核開発問題など難問山積だった。とても東アジアまでカバーする余裕はなかったのである。

習近平主席にとっては、チャンス到来といえた。

ついにオバマも

習近平主席は11日夕刻に、オバマ大統領を中南海の「瀛台《えいだい》」で出迎えた。中南海は前述のように、中国最高首脳の職住の場所であり、中国全土で最も警備が厳しい「宮中」である。そのため外国の賓客との会談は通常、近くの人民大会堂で行う。

なぜ習近平主席がこの禁を破ったかといえば、それはひとえに「現代の毛沢東」になりたかったからだった。1972年2月にニクソン大統領が電撃訪中したとき、毛沢東主席は自宅として使っていた中南海の南海の仙島皇宮《せんとうこうぐう》（池に浮かぶ小島の離宮）にある瀛台で、ニクソン大統領と夕食を共にした。ここから、7年に及ぶ米中国交正常化交渉は始まった。

首脳会談を前に、北京・中南海で握手を交わすオバマ米大統領（左）と中国の習近平国家主席（新華社＝共同）

習近平主席は「現代の毛沢東」として、米中新時代を築く象徴的な会合にしたいと考えた。そのため、明朝以来の皇后の離宮であり、毛沢東の住居でもあった瀛台でわざわざ夕食会を開いて、その歴史を滔々《とうとう》と述べながら、オバマ大統領をもてなしたのだった。

夕食に先がけて米中両首脳は、瀛台の「涵元殿《かんげんでん》」で、馥郁《ふくいく》たる中国茶を啜りながら、楊潔篪国務委員とライス補佐官だけを伴って非公式に会談した。習近平主席がオバマ大統領に説いた。

「私は、二つのことを強調したい。一つ目は、今年は中米国交正常化35周年で、両国はいまや、世界最大の経済大国と世界第2の経済大国だ。そうした中、両大国は『新型の大国関係』を築いていくべきだ。

もう一つは、歴史認識の問題だ。現在の中国を理解し、未来の中国を予測するためには、必ずや過去の中国を理解しなければならない。１８４０年のアヘン戦争と１８９４年の日清戦争を経て、わが偉大な伝統国家は『屈辱の１００年』を迎えたのだ。それをようやく1949年に毛沢東主席が新中国を建国し、中華民族の栄光が始まった……」

これに対してオバマ大統領が答えた。

「中国との2国間関係は、アメリカにとって最も重要な2国間関係だ。だからアジア地域のことは、基本的に中国に任せたい。だがその代わり、周辺諸国と摩擦を起こさずにやってほしいのだ。その意味で、『新型の大国関係』という構想に賛意を示したい」

オバマ大統領が初めて、習近平主席の説く「新型の大国関係」に正面から合意した瞬間だった。習近平主席は、オバマ大統領を見送った後、「マルクスのもとにいる」毛沢東主席に感謝したのではなかったか。

翌12日朝、習近平主席はオバマ大統領を人民大会堂前広場に招いて、儀仗隊による閲兵式を行った。その後、人民大会堂で、少人数による米中首脳会談。続いて人数を増やして、再び米中首脳会談を行った。習近平主席が強調したのは、次のような点だった。

「昨年6月に、カリフォルニアのアネンバーグ農園で会談したとき、『新型の大国関係』を築いていこうということで一致した。それから1年数ヵ月間、両国は努力を重ねてきた。昨年の両国の貿易額は5200億ドルに達し、双方の投資残高は1000億ドルを超え、人員の往来は400万人を超えた。この事実は、中米の『新型の大国関係』が、両国国民の根本的な利益に合致し、アジア太平洋地域の平和と安全、繁栄に有益だということを物語っている。

両国の国交正常化35周年を迎えて、私は特に、中米両国で新たな軍事関係を構築したい。それは軍首脳の交流、合同訓練などを含む。私は、『アジアの安全観』という概念を提起したいのだ」

これに対してオバマ大統領は、次のように返答した。

「この35年間、米中両国の関係は長足の進歩を遂げた。習近平主席が述べたように、『新型の大国関係』に賛意を述べる。平和的で繁栄し、安定し、国際社会で重要な役割を果たす中国を、アメリカは歓迎し支持する。それはアメリカの国益にもかなうからだ。アメリカには中国包囲網を築いたり、中国の統一を妨げたりする意図はない。アメリカはアジア太平洋地域において、中国のライバルではない。中国とともに地域の安全と安定を維持していく。双方の投資協定についても交渉を加速させ、年内妥結を目指したい」

米中両首脳の会談は、公式・非公式を含めて、このときも2日間で計8時間に及んだ。米中は、「気候変動に関する共同声明」に署名した。中国人の留学生へのアメリカ滞在5年ビザ、旅行客への10年ビザの発給についても合意した。

続く午餐会では、習近平主席が同席させた「トップ7」（党常務委員）を一人ひとり、オバマ大統領に紹介した。これは、自分がアメリカ大統領と対等の存在であることを6人の部下に誇示する狙いもあった。

このときの米中首脳会談で、習近平主席は大いに自信を深めた。オバマ大統領からついに、「アジアの問題は中国に任せたい」との言質を取ったからだ。

習近平主席にとって北京APECは、「アジアの盟主」として覇を唱えたイベントだった。ライバルの安倍首相をも屈服させ、もはやアジアに恐れるものは何もなかった。

第5章

日本外しの策謀
（2015年）

2015年９月３日、北京の天安門広場で行われた「中国人民抗日戦争及び世界反ファシズム戦争勝利70周年大会」の記念式典に出席した（前列左から）韓国の朴槿恵大統領、ロシアのプーチン大統領、習近平主席（共同）

先進国が雪崩を打ってＡＩＩＢに参加

２０１５年３月12日、中南海に吉報がもたらされた。海の物とも山の物ともつかない中国が主導するＡＩＩＢ（アジアインフラ投資銀行）に、イギリスが参加すると、親中派として知られるオズボーン英財務相が発表したのだ。先進国で初めての参加表明だった。５日後の17日には、ドイツ、フランス、イタリアも参加を表明し、先進７ヵ国のうち過半数が中国になびいた。

ＡＩＩＢ（アジアインフラ投資銀行）に先進国としては初めて参加を表明した英国のオズボーン財務相（ロイター＝共同）

日本はそれまで、ＡＩＩＢを完全に軽視していた。ＡＩＩＢに関して外務省はアンタッチャブルで、財務省が、もっと言えば財務省国際局が独占的に抱え込んでいた。財務省としては、ＡＤＢ（アジア開発銀行）の歴代総裁を独占してきたので、そのライバルとなるＡＩＩＢに関しては、否定的な情報ばかりを首相官邸に上げてきた。「あれはただの発展途上国の集まりです」「アメリカが釘を刺しているので先進国は相手にしません」……。

だが３月17日、ついに安倍首相と菅義偉官房長官の堪忍袋の緒が切れた。二人は国会審議の合間の昼休みに、浅川雅嗣《まさつぐ》財務省国際局長と長嶺安政《ながみねやすまさ》経済担当外務審議官を官邸に呼びつけて、雷を落とした。

ＡＩＩＢ発足時の参加締め切りが3月末日に迫っていて、12月に設立予定だった。3月25日にはオーストラリアが参加を表明。翌26日には韓国とトルコが、28日には台湾も参加を表明し、3月末日までに57ヵ国（台湾を含めると58ヵ国・地域）に膨れ上がった。

そんな中、日本は、麻生太郎財務相率いる財務省の強硬な反対で、参加を見合わせた。「ガバナンスと透明性が確保されていない」というのが表向きの理由だった。アメリカは3月28日から31日まで急遽、ルー財務長官を北京に派遣したが、結局は不参加となった。

ＡＩＩＢ設立の真意

4月27日と28日、北京の釣魚台国賓館で、57ヵ国の首席交渉官が初めて一堂に会して、ＡＩＩＢ開設に向けた第4回会合が行われた（バングラデシュとネパールは委任欠席）。このとき、北京を訪れた私は、中国の経済官僚に詳しく、ＡＩＩＢについて話を聞いた。

――そもそも中国はなぜ、ＡＩＩＢを設立することにしたのか？　１９６４年に日本が作ったＡＤＢに対抗するためなのか。

「それも目的の一つだが、最大の目的は中国経済を持続的に発展させるためだ。

中国は改革開放政策を始めて以降、１９８０年代と１９９０年代の20年間は、『世界の工場』として高度経済成長を果たした。続いて21世紀の初めの十数年間は、『世界の市場』として高度経済成長を持続させた。
だがいまや、『世界の工場』としても『世界の市場』としても頭打ち状態だ。そこでわが国は、『世界への進出』によって生き残りを懸けることにした。つまり中国企業が海外市場に打って出て、海外で稼ぐということだ。習近平主席が唱えている『一帯一路』とは、まさに中国企業の『走出去《ゾウチューチュイ》』（海外進出）政策にほかならない。周辺諸国のインフラ整備を中国企業が請け負えば、中国経済は持続的に発展できるし、沈滞している中国の地方も活性化できるというものだ。幸い中国には、世界最大の外貨保有がある。アメリカ国債を買うのを減らして、保有する外貨を、アジアのインフラ整備の費用に回せばよい」

——今年末までにＡＩＩＢを正式に発足させるとしているが、可能なのか。

「2年前にわれわれがＡＩＩＢの設立構想を宣言したときは、一脚の円卓しかない小さなレストランを開店させることをイメージしていた。一脚の円卓とは、すなわちＴＰＰ（12ヵ国参加）と同規模の、10ヵ国くらいの参加を見込んでいたのだ。もしも参加者がもう少し増えた場合にということで、予備としてもう一脚の円卓も倉庫に準備していた。
ところがいまや、57ヵ国もの『食客』が集まり、円卓は5脚あっても足りなくなってしまった。これは嬉しい誤算だが、準備は当初の予定より遅れている。なるべく年内に発足させたい」

――ＡＩＩＢは既存のＡＤＢと、どこが違うのか。

「当初の構想にあったのは、ＡＤＢよりも総裁の権限を強める、審査のスピードを早める、特に発足当初は、良さを分かってもらうため結果を早期に出すようにするといった原則だった。だがいまや参加国が増えすぎたので、コンセンサスを取りながら、一つひとつ決めていく。ただ、本部を北京に設置し、総裁を中国人が務めることは、習近平主席からの厳命なので、これが覆ることはない」

――先進7ヵ国の中から、イギリス、ドイツ、フランス、イタリアを参加させることに成功したが、勝因はどこにあったのか。

「すべては、イギリス攻略に成功したことに尽きる。イギリスさえ攻略できれば、ＥＵの主要国が追随してくるだろうことは予想していた。だが、アメリカも追随してくるのではと期待していたが、それには成功しなかった。アメリカ攻略はこれからも続けていく」

――アジアでは、ほとんど日本一国だけが参加していない。これをどう見るか。

「日本が現時点で、参加を表明してくれないことは残念だ。中国は、日本が歴代総裁を務めるＡＤＢに参加してきた。金立群《きんりつぐん》（初代ＡＩＩＢ総裁）もＡＤＢ副総裁として、黒田東彦《はるひこ》総裁（現日銀総裁）の下で働いた経験を持つではないか。

だが、中国が必死になって日本に参加してもらおうと努力している最大の目的は、アメリカを参加させることにある。日本が参加を表明すれば、アメリカも必ず参加してくるからだ。わが国が考えているのはあくまでも、戦後のブレトンウッズ体制を変えることだ。それには『中国がアメリカの上に立つ』国際金融機構を設立する必要があるのだ」

57ヵ国のAIIB設立時の参加国は続いて、5月20日から22日に、第5回首席交渉官会合をシンガポールで開いた。そして6月29日、AIIBの設立協定調印式が、北京の人民大会堂で開かれた。アジアでは、インフラ整備に関心がないブータン、デフォルト国家として参加を拒否された北朝鮮、それに中国に対抗意識を燃やす日本だけが不参加となった。

1国ずつ大仰に国名を呼び、壇上でサインする演出の後、習近平主席が祝辞を述べた。

「今日はアジアの未来にとって歴史的な日だ。AIIB設立によって、アジアのインフラ整備が進み、各国の協調も進むことになる。参加国すべてが勝者となるよう、この新たな機関を質の高いものにしていこう」

この儀式を、楊潔篪《ようけつち》国務委員や栗戦書《りつせんしよ》中央弁公庁主任らが貴賓席で見守っていた。「習近平の外交チーム」はAIIBを、習近平主席が「アジアの皇帝」として君臨するためのエンジンとして活用していく決意だった。

堪忍袋の緒が切れた米軍

このころ、アメリカは中国に対する警戒感を強めていた。4月11日、ワシントンの有力シンクタンクCSIS（戦略国際問題研究所）が、3月16日に撮影したという1枚の写真を

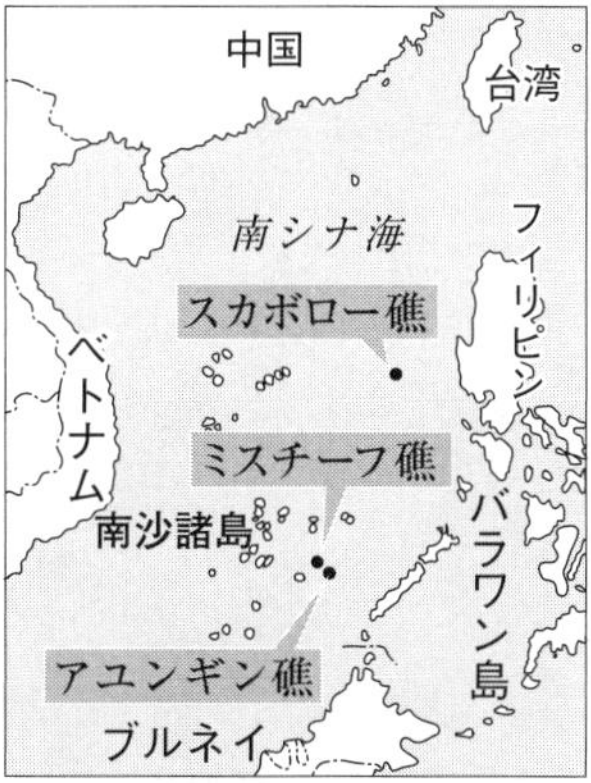

中国の進出が続く、南沙諸島

公表した。それは、南シナ海の南沙諸島にあるミスチーフ礁（美済礁）で中国が埋め立て工事を進めている証拠写真だった。埋め立て工事は前述のように前年から始めていたが、煮え切らないホワイトハウスに、アメリカ軍の堪忍袋の緒が切れて、リークしたものと思われた。

このことで、南シナ海で領有権を主張しているフィリピン、ベトナム、マレーシア、ブルネイ、台湾、それに中東からの原油のシーレーンになっている日本が、非難の声を上げた。

そんな中、４月22日と23日にＡＡＣ（アジア・アフリカ会議）、通称「バンドン会議」の60周年記念大会が、インドネシアで開かれた。この記念行事には、安倍首相や習近平主席をはじめとする83ヵ国の代表が参加した。私も取材でジャカルタへ飛んだ。

このとき、中国は老獪《ろうかい》な外交を見せた。習近平主席は、インドネシアへ向かう途中で、わざわざパキスタンに立ち寄ったのである。パキスタンはアジア最大の「親中国家」で、前述のように両国は互いの関係を、「全天候型の関係」と呼んでいる。

習近平政権は「一帯一路」を推進する一環として、財政部が主導するＡＩＩＢとは別に、中国人民銀行（中央銀行）が主導して４００億ドルの「シルクロード基金」も設置した。これも前章で述べたように、北京ＡＰＥＣの際に習近平主席が発表したものだった。

習近平主席は、4月20日にパキスタンで行ったシャリフ首相との首脳会談で、「中パ経済回廊」に関する51項目もの共同事業を決めた。そしてこの事業を「シルクロード基金」第1号に適用すると発表したのだった。

中パ経済回廊とは、中国の新疆《しんきょう》ウイグル自治区のカシュガルから、アラビア海に面したパキスタンのグワダルまで、約３０００kmに及ぶラインである。中国は総工費４５０億ドルのインフラ整備をすることで、中国と中東を結ぶルートを確保したい意向だった。

だが中国は、そのような「お国事情」は、おくびにも出さない。ＡＡＣを前に、「中国が唱える『一帯一路』に付き従うとメリットがある」ことを、アジアやアフリカの国々に見せつけたのだった。

このころ中国国内では、「カネを持っている者はわがままを言える」（有銭就是任性《ヨウチエンジウシレンシン》）という言葉が流行語になっていた。２０１５年3月時点での中国の外貨準備は、３兆７３００億ドルと世界一だった。習近平政権は「札束外交」で、アジアとアフリカの指導者たちに、「アジアの盟主」が誰なのかを分からせようとしたのだ。

4月22日、習近平主席はジャカルタ国際展示場で開かれたＡＡＣで演説した。

「中国は今年中に、発展途上国からの輸入品に関して、97%の品目を無関税とすることを約束する。いかなる政治的条件もつけない援助の継続も約束する。

中国は、各国とともに『一帯一路』を建設し、ＡＩＩＢを設立し、『シルクロード基金』を適用していく」

この後、安倍首相が演説する番になったとたん、前列に座っていた習近平主席が、憮然《ぶぜん》とした表情で退席した。安倍首相は、その様子をじっと横目で追いながら述べた。

「この地に再び集まった私たちは、60年前より、はるかに多くの『リスク』を共有している。強い者が弱い者を力で振り回すことは、断じてあってはならない。バンドンの先人たちの知恵は、法の支配が、大小に関係なく、国家の尊厳を守るということだった。

『侵略または侵略の脅威、武力行使によって、他国の領土保全や政治的独立を侵さない』

『国際紛争は平和的手段によって解決する』

バンドン会議で確認されたこの原則を、日本は、先の大戦の深い反省とともに、いかなるときでも守り抜く国であろうと誓った。そして、この原則の下に平和と繁栄を目指すアジア・アフリカ諸国の中にあって、その先頭に立ちたい」

外務省関係者が解説する。

「武士の情けで『中国』という名指しこそ避けたものの、全面的に中国を非難するスピーチにした。中国が力に任せて南シナ海を『占領』しようとしているので、日本は理念を振りかざして、『それでいいのか？』と問いかけたのだ。中国側が、安倍首相の演説草稿を事前にほしいと強く言ってきたので渡した。習近平主席が席を立ったのは、アジアの皇帝面している手前、自国が非難されるスピーチを耳にしたくなかったからだろう」

2度目の安倍・習会談

そのような中、4月22日夕刻に、北京APEC以来5ヵ月ぶり、2度目となる安倍首相と習近平主席の日中首脳会談が実現した。外務省関係者が続ける。
「ジャカルタでの日中首脳会談は、日本側から呼びかけた。28日からの安倍首相の訪米を控えて、中国とうまく付き合っていることを、ワシントンにアピールしたかったためだ。逆に中国は、安倍首相がアメリカと組んで何か牽制球を投げてくるのではと警戒し、当初は首脳会談に応じなかった。ところがジャカルタ入りしてから、習近平主席が翻意したようで、突然『短時間ならば応じる』と言ってきた」

こうして急遽、前年11月と同じ「25分間会談」が組まれたのだった。前回と違ったのは、習近平主席の表情が、いくぶん和らいだことだった。

習「周知のように、アジアにおけるインフラ需要の高まりを受けて、わが国は『一帯一路』の建設と、AIIBの創設を提唱している。先日ワシントンで開かれたG20財務相・中央銀行総裁会議でも、こうしたわが国の取り組みは、好意的に受け入れられた。

AIIBは、既存の機関に対抗するものではなく、補完する役割を果たすものだ。そのことは安倍首相も理解してくれていると信じており、日本の参加も歓迎したい」
安倍「アジアのインフラ需要が増大していることは、承知している。だが中国が主導しているAIIBは、ガバナンスや透明性といった問題があると聞いている。引き続き、事務当局間で協議を進めるよう指示しているところだ」
習「もう一つ、わが国は今年9月に北京で、世界反ファシズム戦争勝利70周年の記念式典を予定している。安倍首相にも招待状を送りたい」

急遽実現した5ヵ月ぶりの日中首脳会談。安倍首相（左）と握手する習近平主席の表情も、いくぶん柔らかい（共同）

安倍「それはいま初めて聞いたが、日程などの都合もあるので、見極めて返事をする。
　このところ、中国が始めた南シナ海での埋め立てに、アジア各国が懸念を示している。南シナ海は法と自由に基づいた海であるべきだ」
習「南シナ海は古来、中国の領土・領海だった。自国の領土・領海で何をしようがわが国の自由で、内政干渉されるいわれはない」
　この中で、9月の戦争勝利70周年記念式典の話だけは、当初の議題に入っておらず、習主席が唐突に口にしたものだった。そのため安倍首相は当惑したが、これについては後述する。

中国包囲網構築に東奔西走する安倍首相

安倍首相はジャカルタから戻ると、休む間もなく、4月26日から5月3日まで、8日間に及ぶアメリカ訪問を敢行した。随行したケネディ駐日大使の故郷ボストンから始まり、ワシントン、サンフランシスコ、ロサンゼルスと4都市を回った。外務省関係者によれば、「このときの総理訪米の目的は、『中国への対抗』という一点に収斂《しゅうれん》された」という。

4月27日に日米安全保障協議委員会（2＋2）で締結された、新たな「日米ガイドライン」では、次の文言が盛り込まれた。

〈尖閣諸島が日本の施政の下にある領域であり、したがって日米安全保障条約第5条の下でのコミットメントの範囲に含まれること、及び同諸島に対する日本の施政を損なおうとするいかなる一方的な行動にも反対することを再確認した〉

翌28日に行われた安倍首相とオバマ大統領の日米首脳会談では、TPP（環太平洋パートナーシップ協定）で最終合意に至らなかったものの、引き続き交渉を進めていくことで一致した。前述のように安倍政権は、TPPを新たな中国包囲網と捉えていた。

29日、安倍首相はアメリカ連邦議会で、日本の首相として初めて演説を行った。約45分に及んだ演説で、「民主主義」という単語を9回、「自由」という単語を7回も連呼した。

いずれも「アメリカと日本にあって、中国にない重要な価値観」を、アメリカの連邦議員たちにアピールする目的だった。

「アジアの海について、3つの原則をここで強調させてください。

第1に、国家が何か主張をするときは、国際法に基づいてなすこと。第2に、武力や威嚇は、自己の主張のため用いないこと。そして第3に、紛争の解決は、あくまで平和的手段によること。太平洋から、インド洋にかけての広い海を、自由で、法の支配が貫徹する平和の海にしなければなりません。そのためにこそ、日米同盟を強くしなくてはなりません。私たちには、その責任があります」

日本の首相として初めて米議会の上下両院合同会議で演説する安倍首相（共同）

安倍首相の、あまり上手とは言えないが熱意のこもった英語の演説に、アメリカの議員たちは、計10回もスタンディング・オベーションを送ったのだった。

ＡＩＩＢに関しても、日本は反撃を試みた。5月2日から5日まで、アゼルバイジャンの首都バクーで開かれたＡＤＢ年次総会で、中尾武彦総裁が、「ＡＤＢの２０１７年の年間融資枠を、いまの約1・5倍にあたる200億ドルまで拡大する」と発表。安倍首相も、AIIBの第5回首席交渉官会合に合わせて5月21日に行った講演で、中国への対抗心をあらわにした。

「今後5年間で4兆円を超えるアジア向け支援を行い、ADBと提携して総額13兆円規模のインフラ資金をアジアに提供していく。アジアは『安かろう悪かろう』は要らない。日本は『安物買いの銭失い』という習慣を変えていく」

ロシア記念式典に参加した習近平

一方の習近平主席も、外交攻勢を強めた。「一帯一路」を推進すべく、カザフスタンを経由して、5月8日にモスクワ入りし、プーチン大統領の熱烈な歓迎を受けた。

二人が首脳会談を開くのは、この2年あまりですでに11回目だったが、前年来、二人の立場は完全に逆転していた。ウクライナ問題を巡って、欧米や日本がいっせいに70周年式典への参加を見合わせる中、プーチン大統領にとって習近平主席は、最重要の賓客だった。

習近平主席は、モスクワ入りする前日、ロシア政府広報紙『ロシースカヤ・ガゼータ』に、「歴史を銘記し、未来を切り開く」と題した署名原稿を寄稿した。

〈中国は第二次世界大戦におけるアジアの主戦場となり、3500万人もの犠牲者を出した。だが中国の軍民は不《ふ》撓《とう》不屈の精神で抗日戦争を戦い抜き、偉大なる大勝利を収めた。

ロシアは中国人民の抗日戦争に、貴重な支持をしてくれた。２０００人以上のソ連の飛行隊員が日本の侵略者を追い出す手助けをしてくれ、うち２０００人以上が中国で戦死した。抗日戦争の後期にソ連共産党軍は中国の東北地方の戦場に赴き、中国軍と一体となって抗日戦争を戦い、勝利した。中国人民は永遠に、中華民族の独立解放事業に英雄的な貢献をしてくれたロシア軍民を忘れない。中国とロシアは今年、一致団結して第二次世界大戦勝利70周年の祝賀記念活動を行う。中華民族とロシア民族はともに偉大な民族なのだ〉

クレムリンで行われたプーチン大統領との中ロ首脳会談でも、習近平主席は強調した。

「中国とロシアはそれぞれ、第二次世界大戦におけるアジアとヨーロッパの主戦場だった。甚大な犠牲を出し、勝利に重大な貢献をした。当時も運命共同体だったが、いまも全面的な戦略的パートナーシップ関係にある。この関係をさらに高めていこうではないか」

プーチン大統領も、このときはにこやかに述べた。

「習近平主席の考えに、全面的に賛同する。ロシアは、歴史を否認したり歪曲《わいきょく》したりするいかなる動きにも反対する」

両首脳は、中国が提起する「シルクロード経済ベルト」と、ロシアが提起する「ヨーロッパとの経済連盟建設」を揃って進めることとし、共同声明を発表した。

このとき両国で新たに署名した分野は、エネルギー、交通インフラ、航空、金融など多岐にわたった。２０１４年の中ロ貿易額は９５３億ドル（前年比６・８％増）に上っていた。ロシアにとって中国は2010年以降、5年連続で最大の貿易相手国だった。エネルギー価格の下落と欧米による経済制裁の影響で、ロシアは中国にすがる思いだったのだ。

翌9日、祖国防衛戦争勝利70周年記念式典が、「赤の広場」で華々しく開かれた。このイベントには世界20ヵ国の首脳が参加したが、プーチン大統領の右隣が習近平主席で、習主席の右隣が彭麗媛《ほうれいえん》夫人だった。中華の伝統では主賓はホスト役の右隣（向かって左側）なので、習近平主席はどの国へ行ってもこの位置を確保した。

午前10時、クレムリン宮殿の鐘が鳴り、「神聖なる戦争」序曲に合わせて、ロシア国旗を掲げた儀仗隊が行進した。プーチン大統領が「偉大な祖国」というタイトルの仰々しいスピーチをした後、1万5000人あまりの陸海空のロシア軍人が行進した。

この軍事パレードには、中国人民解放軍の102人の兵士も参加した。彼らが「カチューシャ」の曲に合わせて閲兵場を通り過ぎると、プーチン大統領がにこやかな笑顔で習近平主席にささやきかけ、後ろに控えた通訳が、せわしく訳した。

中ロ関係は中国が「格上」に

習近平主席は、「赤の広場」で感慨深いものがあったに違いない。1917年にロシア革命が起こってソビエト連邦が建国された4年後の1921年に、中国共産党が創建された。以後、1991年にソ連が崩壊するまで、20世紀はロシアが兄貴分で、中国が弟分だった。１９４９年末に毛沢東主席がスターリン大元帥70歳の祝賀に訪れたときには、完全に格下扱いされたし、１９５７年に習近平主席の父親・習仲勲副首相率いる代表団がロシアを訪問したときも、フルシチョフ第一書記は兄貴分として振る舞った。

21世紀に入っても、プーチン大統領が「強いロシア」を演出し続け、両国の「上下関係」は不変だった。それがウクライナ問題を巡る制裁とエネルギー価格の暴落によって、過去１００年で初めて、中国が「ロシアを救う兄貴分」として上位に立ったのだ。

このころ、東京のロシア大使館関係者は、私に次のような見解を述べた。

「すでにロシアと中国は『準同盟』関係にある。同盟、もしくは準同盟という概念は、主に経済協力と軍事協力から成っている。経済協力については、２０１５年の貿易額が初めて１０００億ドルを突破する見込みであること、２０１４年５月に締結した天然ガス契約などから、もう十分、準同盟関係にあるといえる。

軍事面に関しては、５月11日から21日まで、初めて地中海で合同軍事演習を行う。中国軍が地中海まで進出する時代になったのだ。これはＮＡＴＯ（北大西洋条約機構）への牽制だ。その返礼に、今夏には中国がアメリカの脅威を感じる南シナ海で、合同軍事演習を挙行する。『ロ中共通の脅威があれば、それを取り除く』のが、両国の方針なのだ」

ただ、習近平主席はモスクワからの帰路に、ロシアとの関係が悪化しているベラルーシに立ち寄って、ルカシェンコ大統領に恩を売ることも忘れなかった。これはロシアが北朝鮮に急接近したことへの当てつけだった。中ロはともに老獪《ろうかい》な外交大国なのである。

インド取り込みに必死になる習近平

習近平主席にとってロシア訪問は、尊敬する3人の政治家——毛沢東、習仲勲、プーチンを同時に乗り越えたような、爽快な旅となった。だが12日深夜に北京へ戻ると、ホッと一息つく間もなく、14日早朝、インドのモディ首相を迎えるため、古都・西安に向かった。

モディ首相を西安に招いたのは、前年9月にモディ首相の故郷グジャラート州を訪れたため、今度は自分の本籍地（父・習仲勲元副首相の生地）を案内しようと思い立ったのだ。また、グジャラート州を訪れた際、インドを引き寄せるのに「仏教」がキーワードになると気づいたことも、理由の一つだった。ライバルの安倍首相がモディ首相を京都の寺院に案内したが、西安にはインドと、より密接な寺院があることも見せたかった。加えて、陝西《せんせい》省は自分が青年時代に7年間、重労働を経験した場所であり、同じく苦労を重ねて政治家になったモディ首相の共感を得たいという思惑もあった。

元来がものぐさの習近平主席にとって、多忙の中、外国のリーダーにここまで尽くすのは、副主席時代の4年前に、バイデン米副大統領を四川省に案内して以来のことだった。そこには、何としてもインドを取り込みたいという習主席の強い決意が込められていた。

14日午前、習近平主席はまず、モディ首相を兵馬俑《へいばよう》博物館に案内した。兵馬俑は、秦《しん》の始皇帝が天界でも皇帝でいられるようにと粘土で作った兵馬群で、約8000体が兵馬俑博物館に飾られている。

　モディ首相はあろうことか、通行が禁じられている階下の兵馬俑の近くまでスタスタと降りていって、兵士の頬を撫でたりし始めた。一般の観光客がこんなことをしたら、その場で逮捕されてしまう。ところが習近平主席は、ニコニコと笑顔を絶やさない。習近平主席に向かって、モディ首相がおもむろに聞いた。

「兵馬俑っていうのは、なぜ男ばかりなんだい？」

　習近平主席は、まるで兄貴がわんぱくな弟を諭《さと》すように説明したのだった。

　私は、この様子を映した中国のニュース映像を見ていて、ロシアの外交関係者から以前聞いた「胡錦濤のトルストイ詣《もう》で」逸話を思い出した。

「2005年に胡錦濤主席がモスクワを訪問した際、郊外にあるトルストイの墓を見学に行った。そのとき、胡主席は『私を静かに寝かせてくれ』というトルストイ本人の遺言が書かれた柵を勝手に乗り越えて、スタスタと墓の前まで行ってしまった。ロシア側はこれに唖然としたが、素知らぬ顔をして、胡錦濤主席の後について墓の前まで行った。何も知らない胡錦濤は、たいへん上機嫌だった」

　兵馬俑博物館での中国側も、当時のロシア側と同じような気持ちだったに違いない。ロシアにしても中国にしても、外交大国らしいエピソードだ。

続いて、習近平主席はモディ首相を、唐代の都・長安で最も権威が高かった大慈恩寺《だいじおんじ》に案内し、悠久の中印の歴史を解説した。唐初期の西暦648年に建てられた大慈恩寺の主持寺務（管理者）だった玄奘《げんじょう》は、インドに17年も留学して仏法を学んだ。そして帰国後、弟子たちとともに、この大慈恩寺で75部、1335巻もの仏典を中国語に訳した。

習主席は満を持して、前年9月にモディ首相の故郷で語った同じセリフを吐いた。

「中国とインドは、このように古代から一衣帯水の間柄だったのだ」

モディ首相は、ふんふんと感心した様子で聞いていた。

夕刻には、唐代の皇帝が近隣の王を迎えたスタイルを再現して、モディ首相のために晩餐会が催された。インド外務省が公開したメニューによれば、酸辣湯《スアンラータン》、赤豆ライス、マッシュルーム、カシューナッツ、アスパラガス、麵、パンケーキ、フルーツ、シャーベットと、いたってシンプルなものだった。前年にグジャラート州で習近平主席に饗されたインド料理も、ベジタリアン料理だった。

その後、かつて歴代皇帝が楽しんだ古代式の歌舞宴となった。中国の官製メディアは、「モディ首相は一日で赤、白、紺と3度も『お色直し』をした」「モディ首相は微博《ウエイボー》（中国版ツイッター）に自分が撮った西安の写真をアップさせ、20万人以上の中国のフォロアーが見た」などと詳細に報じた。習近平政権は中印関係を盛り上げようと、マスコミも総動員して必死だったのである。

翌15日、モディ首相は北京へ飛び、西安とは打って変わって、「大国の首相」の顔に戻った。カウンターパートである李克強首相との首脳会談後、両国は24もの文書に署名し、計100億ドル近い契約を交わした。

さらに上海に立ち寄り、2015年のフォーブス中国長者番付で1位の王健林《おうけんりん》万達集団総裁、2位の馬雲《ばうん》アリババ集団総裁ら、中国を代表する25社のトップと面会。計220億ドルに上る大型契約を交わしたのだった。

南沙諸島埋め立てをめぐる米中の不協和音

このころ南シナ海では、中国による埋め立てが深刻化していった。5月13日、アメリカ連邦議会上院の外交委員会で、シアー国防次官補が証言した。

「中国が南沙諸島の浅瀬で行っている埋め立てが進めば、2017年から2018年には飛行場が完成する見込みで、最大限注視していく。そして地域の安定のため、アメリカはこの問題に取り組んでいることを行動で示す」

アメリカ政府の高官が初めて、アメリカ軍の現地への派遣を示唆する発言をしたのだった。その2日後には、6120億ドルという次年度軍事予算が、議会で承認された。

これに先立って、アメリカ国防総省は8日に、『中国を含む軍事安全の発展2015』と題した89ページからなる年次報告書を、連邦議会に提出。報告書では「スペシャル・トピック」として、南シナ海の項目を立てていた。

〈中国は、スプラトリー（南沙）諸島で5ヵ所にわたって岩礁を埋め立て、インフラ整備を始めている。その埋め立て地は、恒久的に民間および軍事基地に使用可能なものだ。中国はこれらを、この地域で重要なプレゼンスを得るための拠点にしようとしている〉

16日には、ケリー国務長官が訪中し、王毅外相と米中外相会談を行ったが、南シナ海の埋め立て問題に関しては、双方の主張が平行線に終わった。

2013年２月に撮影された南沙諸島のジョンソン南礁（上）と14年２月に撮影された同礁周辺（下）。大量の砂で埋め立てられている（フィリピン政府撮影、共同）

アメリカの同盟国である日本では、安倍政権が15日に安全保障関連法案を国会に提出し、アメリカと平仄《ひょうそく》を合わせていた。安倍首相はその前日に開いた記者会見で、「日本がアメリカの戦争に巻き込まれることはない」と断言したが、それを法律上は可能にする法案が国会に上ったのだった。この法案は周知のように、国を二分する議論の末、9月19日に成立した。

防衛省関係者が証言する。

「安保法は百パーセント、近未来の中国との衝突を想定した法律だ。この法律が（２０１６年3月29日に）施行されたことで、日米の一体化した軍事行動が可能になった。アメリカ軍は南シナ海と東シナ海で中国封じ込めを意図しており、同盟各国に協力を求めてきているのだ。東シナ海に関しては、同時期に51年ぶりの新編となる第9航空団を発足させ、尖閣防衛を強化した」

しかし、アメリカの外交関係者の見方は、若干異なる。

「オバマ政権は、アジア重視のリバランス政策と同時に、オフショア・バランシングの防衛方針を取っている。これはアメリカ軍は今後、世界中から撤退していくが、その分を同盟国や友好国にカバーしてもらい、現状を維持するという考え方だ。東アジアに関して言えば、北朝鮮軍の脅威には韓国軍に、中国軍の脅威には日本の自衛隊に対抗してもらう。そしてアメリカ軍は東アジアから引いていくが、いざとなったらグアム、ハワイ、アラスカから駆けつけるというものだ。そのためには、日本に安保法が必要だったのだ」

5月29日から31日まで、シンガポールで、アジア安全保障会議が開かれた。この会議は、アジア太平洋地域の国防大臣らがシンガポールのシャングリラ・ホテルに集まって、地域の安全保障問題を話し合うことから、「シャングリラ対話」ともいわれる。

ここ数年はアメリカの国防長官が中心となって、中国の軍備拡大を非難する場と化していた。このときも新任のカーター米国防長官が、中国が南シナ海で活発化させている岩礁の埋め立て工事について、強烈な非難を浴びせたのだった。中谷元防衛大臣も追随した。

これに対し、中国は巧妙な「仕掛け」で対抗した。同じシンガポールで、シャングリラ対話に先がけて、20日から22日まで、AIIBの第5回首席交渉官会合を開いたのである。中国は、世界57ヵ国の代表が一堂に会するこの会合を、絶妙のタイミングでシンガポール開催にすることで、「中国はアジアに平和なインフラを提供する主導者である」とアピールしたのだった。

中国はほかにも対抗策を取った。国防部が26日、国防白書『中国の軍事戦略』を発表したのだ。2年ぶりとなる国防白書では、まず前言で、〈強固な国防と強大な軍隊を持つことは、「二つの100年」の目標と、中華民族の偉大なる復興という中国の夢を果たすための強固な保障となるものだ〉と謳っている。続く本文では、次のように記している。〈世界の経済と戦略の重心が、アジア太平洋地域に急速に移っていっている中で、アメリカはアジア地域でのプレゼンスと軍事同盟を強化している。

日本は積極的に戦後体制からの脱却を図っていて、軍事安保政策を大幅に調整している。海を隔てたある中国の隣国（ベトナム、フィリピン）は、中国の領土に干渉し、中国の島や岩礁を不法占拠し、中国の領土と主権、海上権益に挑戦する挙動に出ている。あるアジア域外の国（アメリカ）は、南シナ海のことに何でも手を出す。ある国（アメリカ）は、中国に対して海上と上空で、接近して偵察行為を行っている。そのため、海上の権益を維持する戦いは、長期化しそうだ〉

『中国の軍事戦略』は、習近平主席がみずから、赤鉛筆で細かく修正を入れたという。習主席は、南シナ海の埋め立てに始まる「海の万里の長城」建設に本気だということだ。

日本にも微笑外交を始めた真意

それでも中国は、7月31日に投票が行われるIOC総会で、2022年冬季オリンピックの開催地が北京に決定するまでは、南シナ海での派手な行動を慎む必要があった。何といってもIOC総会は、南シナ海の紛争地と目と鼻の先にあるクアラルンプールで開かれるからだ。

特に、アジアで一定の影響力を持つ日本が、ライバル候補地のカザフスタン支持の運動を起こさないようにしておくことが大事だった。そうした事情もあって、中国は一時的に、日本への「微笑外交」を始めた。

前述のように、4月22日にジャカルタで開催されたAACで、中国は日本が求めた安倍首相と習近平主席の日中首脳会談に応じた。また、5月23日夜には、北京の人民大会堂で開かれた二階俊博自民党総務会長率いる「3000人訪中団」の歓迎宴にも、習近平主席が参加した。6月6日には北京で、3年2ヵ月ぶりとなる日中財務対話に応じた。

7月に入ると、9月3日に習近平主席が北京で行おうとしている「中国人民抗日戦争及び世界反ファシズム戦争勝利70周年大会」（軍事パレード）に、安倍首相にも参加してもらおうと、中国側がしきりにラブコールを送り始めた。中国の外交関係者が語る。

「習近平主席の気持ちを察するに、第1にかつて中国大陸を蹂躙《じゅうりん》した日本の首相を傅《かしず》かせた姿を、14億の中国国民に見せたかった。第2に9月下旬の訪米を控えて、『アジアのことは中国に任せてもらって大丈夫』というジェスチャーをワシントンに送りたかった。第3に『加害者』である日本の首相が参列することで、アジア中の国家元首が参加することが期待できた。第4に中国経済の悪化に歯止めがかからなくなってきた中、日本を取り込みたかった。そして第5に、もしかしたらこれがホンネかもしれないが、習主席本人が、日本の首相を従えたという『皇帝気分』に浸りたかった。とにかく、『トップ（習近平主席）の意向』ということで、各方面から日本に対する外交攻勢を強めていった」

官邸と外務省の間で揺れる安倍総理

このころ、安倍首相の気持ちも揺れていた。齋木昭隆次官率いる外務省は、「訪中は百害あって一利なし」という対中強硬論だった。齋木次官は安倍首相に進言した。「もしどうしても行くというのなら、中国側に『今後二度と歴史問題を持ち出さない』『東シナ海のガス田開発を、２００８年合意（日中共同開発）に戻す』などと確約させるべきです」。

今井尚哉《たかや》首相首席秘書官や谷内正太郎国家安保局長ら「官邸サイド」は別の意見だった。

「9月初旬に安保法案が国会でヤマ場を迎えるタイミングで訪中すれば、安倍政権は平和を求める政権だというアピールになり、野党の批判を封じ込められます。急降下している内閣支持率も再び上昇するでしょう。それに習近平に貸しを作ることで、8月に出そうとしている『戦後70年の安倍談話』で、中国が騒がなくなるというメリットもあります」

加えて官邸サイドは、安倍政権のコアの支持基盤である右派勢力に配慮して、「メルケル方式」を薦めた。これはドイツのメルケル首相が、5月9日にモスクワで開かれた戦勝70周年軍事パレードには参加せず、それでもプーチン大統領の顔を立てるために、翌10日にこっそりモスクワを訪問したことを指していた。北京へ行くのは軍事パレードを行う9月3日でなく、その前後でもよいではないかということだった。

逡巡《しゅんじゅん》した安倍首相は、中国側の真意を探るため、7月16日に谷内局長を訪中させた。同日行われた谷内局長と楊潔篪外交担当国務委員との会談は、延々5時間半に及んだ。

安倍首相が9月3日の式典の前後に「メルケル方式」で訪中するという案に対しては、楊国務委員は「習主席の意向次第だ」と答えた。また谷内局長が東シナ海と南シナ海での中国の行為を非難すると、楊国務委員は中国の立場を説明しながらも、「軍にも直接言ってほしい」と述べた。国務委員といえども、軍事的な問題に関しては、権限を越える部分があったのだ。

逆に楊国務委員から谷内局長に対して、今後安倍首相が靖国神社を参拝しないこと、「戦後70年の安倍談話」は20年前の村山談話を踏襲すること、中国を安保法適用の対象にしないことなどを要求してきた。ほかにも10月末か11月初旬に、3年ぶりとなる日中韓サミットをソウルで開催することなどを示し合わせたのだった。

翌17日午前、谷内局長は常万全国防相と会談した。東シナ海で偶発的な日中の衝突を回避するため、「海空連絡メカニズム」を早期に運用することで一致した。午後には李克強首相が異例の面会に応じ、「中日韓サミットは前向きに検討する。両国の関係を早期に改善し、ダブルウインの関係を築きたい」と述べた。経済問題の責任者として、日本を利用して中国経済の悪化に歯止めをかけたいという意図が読みとれた。

31日、北京が44票対40票の僅差でアルマトイを破り、２０２２年冬季オリンピックの開催を確定させた。この頃、韓国の朴槿恵大統領が9月3日の式典に参加する旨、正式に伝えてきた。

8月14日、安倍首相は1日前倒しして、「戦後70年の安倍談話」を発表。間接的な表現ながら、村山談話を踏襲したため、中国政府と韓国政府は沈黙した。

最後は掌返し

こうして、安倍首相訪中の手筈《てはず》は整ったかに思えたが、8月24日に菅義偉官房長官が、定例の記者会見で、唐突に語った。

「9月3日の式典もその前後の訪中も見送ることに決め、すでに中国側に伝達した」

中国の外交関係者が、その間の経緯を明かす。

「7月の時点では、9月2日夕刻に人民大会堂で記念レセプションを開き、翌3日午前中に軍事パレードを行う予定だった。だがその日程では、安倍首相のように2日だけ参加して帰国する海外の要人が増えそうな気配だった。そこで習近平主席の鶴の一声で、9月3日の軍事パレードの直後の昼に、記念レセプションを行うことにしたのだ。

そうしたら日本は、『国会で安保法案の審議がヤマ場を迎えるので、総理訪中を5日の土曜日か6日の日曜日にしてほしい』と言ってきた。今度は習近平主席が切れて、『3日の当日に来ないのなら来てもらう必要はない』と断言。こうして安倍首相の訪中は消えた」

日本外務省の関係者にも確認したが、大同小異の話だった。ところでこの中国の外交関係者によると、習主席がもう一人、強く出席を求めていた隣国の指導者がいたという。

「それは、北朝鮮の金正恩第一書記だ。中朝は朝鮮戦争を共に戦った『血盟関係』にあり、中朝間には1961年に締結した軍事同盟があるというのに、同盟国の指導者が来ないとは何事かというわけだ。

だが結局、北朝鮮は、『現在、南（韓国）と準戦時態勢にあるため最高司令官（金正恩第一書記）は出国できない』と理由をつけて不参加。代わりに送ってよこしたのは、2年前にも来た崔竜海書記だった」

習近平による習近平のためのパレード

8月末から、北京の街は軍事パレードの準備一色になった。「パレード・ブルー」を演出するため、北京市内の1927ヵ所もの工場を1ヵ月間、稼働停止にした。また、長安街沿いの10km以上にわたるオフィスビル、ホテル、マンションなどの住人や店員、従業員なども、1週間追い出した。9月2日からは、王府井《ワンフージン》、前門、大柵欄、西単、東単の5大繁華街の営業を2日間停止した。

こうして9月3日午前9時、「中国人民抗日戦争及び世界反ファシズム戦争勝利70周年大会」という、習近平の習近平による習近平のための壮大なショーが挙行された。習近平主席が、「2015年最大のイベント」と位置づける、政権の威信を懸けた2時間39分に及ぶ軍事パレードだった。香港『リンゴ日報』（9月4日付）の試算によれば、総費用は215億元で、2009年の建国60周年軍事パレードの、じつに35倍だった。

式典はまず、習近平主席と彭麗媛夫人のもとへ、各国の来賓たちがひと組ずつ、長い赤絨毯の道を歩いて進み出る儀式で幕を開けた。この儀式は天安門広場ではなく、故宮の太《たい》和《わ》殿《でん》の前庭で執り行った。これは伝統的な皇帝スタイルだった。

清朝までは、序章で述べたように、アジアには冊《さく》封《ほう》体制が機能していて、皇帝が姿を見せると、各国の使節団は、「三跪九叩頭の礼」で皇帝に恭順の意を示した。習近平主席は各国代表たちに、「三跪九叩頭の礼」は強要しなかったが、中央にでんと立って動かない習近平夫妻のもとへ、各国代表が赤絨毯の長い道を進み出て挨拶するようにさせた。

皇帝然と立つ習近平主席は、各国代表たちをエスコートすることもなかった。そのため、本国や日米などからの反対を押し切ってやってきた朴槿恵大統領は、習近平夫妻と握手した後、間違った方向へ進んでしまった。

北朝鮮への冷遇

それでもプーチン大統領だけは、特別扱いした。習近平主席はプーチン大統領を、前庭中央で迎えて握手した後、みずから控え室まで案内したからだ。習主席が作り笑いを必死に浮かべて、プーチン大統領との親密ぶりを演出しようとしているのに、プーチン大統領は一度も笑顔を見せなかった。かったるそうに歩いてきて、取ってつけたような握手を習夫妻として、スタスタと歩き出してしまった。明らかにこの儀式を嫌っていた。

その間も、中国中央テレビ（ＣＣＴＶ）のアナウンサーは、朗々と感動調で語り続けた。

「われわれは70年前の偉大なる勝利に想いを馳せつつ、習近平総書記を指導者とする党と国家によって、中華民族の偉大なる復興という『中国の夢』の実現に向けて邁進しています。今日は北京3000年の歴史で、最もすばらしい誕生日なのです……」

9時34分に、31ヵ国・機関代表との「出迎えの儀式」を終えると、一同で記念撮影を行った。習近平主席の右隣はプーチン大統領、彭麗媛夫人の左隣は、イエローの目映いジャケットを羽織った朴槿恵大統領だった。中国と軍事同盟を結んでいるはずの北朝鮮の崔竜海書記は、向かって左端の最上段にポツンと立っていた。

この光景を見ても、習近平主席にとって、韓国と北朝鮮のどちらが大事な存在かは、一目瞭然だった。習近平主席と朴槿恵大統領は前日に、20分の予定が35分の中韓首脳会談を行い、その後1時間あまり午餐を共にした。二人が会談したのは、この1年半で6回目だった。しかし習近平主席と金正恩第一書記は、いまだ顔を合わせたことさえなかった。

毛沢東を気取る習近平

記念撮影を終えると、習近平主席は各国の来賓を、天安門の楼上に案内した。楼上には、李克強、張徳江、兪正声、劉雲山、王岐山、張高麗の「トップ7」の面々が勢揃いして、「皇帝」の登楼を待ち受けていた。6人は皆、背広にネクタイ姿なのに、習近平主席だけが人民服姿である。これは、「現代の毛沢東」を気取っている習主席らしい演出だった。この日の立ち振る舞いは、各所で往年の毛沢東元主席の所作をマネしていた。

最後に、「二人の元皇帝」も姿を現した。江沢民元主席と胡錦濤前主席である。この二人が公の席に姿を見せたのは、前年9月30日に人民大会堂で行われた建国65周年のパーティ以来で、1年ぶりだった。65周年のとき、習近平主席、江沢民元主席、胡錦濤前主席の3巨頭は強ばった表情で、隣同士にいながら互いに目を合わせることすらなかった。

1年前に較べたら、江沢民は痩せて、胡錦濤は太った。だが相変わらず、3巨頭が目を合わせる場面を見ることはなかった。

「中国人民抗日戦争及び世界反ファシズム戦争勝利70周年大会」の記念式典に出席した（左から）習近平主席、江沢民元主席、胡錦濤前主席（共同）

テレビ映像では習近平主席は、つねに隣のプーチン大統領と「2ショット」で映された。これは習主席の指示に違いなかった。天安門広場で見守っていた来賓の一人に後で確認したところ、習近平主席が一度、余裕の表情で江沢民元主席に声をかけたという。自分のほうが「上位」だと周囲に誇示したかったのだろう。

このころ、近未来の「江沢民拘束説」が、まことしやかにささやかれていた。習近平vs江沢民の仁義なき権力闘争は最終段階を迎えていて、非情な習近平主席は、89歳の江沢民元主席まで監獄にブチ込むのではないかと噂されていたのだ。そのため、江沢民元主席が登楼したこと自体がニュースだった。江沢民元主席としては、あえて顔を見せることで、健在ぶりを見せつけようとしたのではなかろうか。

李克強首相は司会者

10時きっかりに、習近平主席の右横に立っていた李克強首相が開会宣言を行った。李克強首相の表情が冴えない。まるで徹夜の受験勉強をして試験に臨んでいる学生のようだ。察するに、昨今の経済危機への対処で多忙を極めている中、「なぜこんなときに軍事パレードなんかやるのだ」という心持ちだったのかもしれない。

その李克強首相が「起立！　礼砲！」と叫ぶ。これを合図に、70周年に合わせて、70発の礼砲が発射された。続いて李首相が「昇国旗！　唱国歌！」と叫ぶと、国旗の掲揚が行われ、国歌斉唱となった。楼上中央に立つ習近平主席も、口を大きく開けて歌っていた。

その間、「中国国歌の『義勇軍行進曲』は、１９３５年にわれらが抗日兵士を鼓舞する目的で作られた映画の主題歌です」と、中国中央テレビのアナウンサーが解説する。

続いて習近平主席が、大型マイクが6つも取りつけられた演台から、13分間に及ぶ演説を行った。

「70年前の今日、中国人民は14年の艱難《かんなん》辛苦の闘争を経て、中国人民の抗日戦争の偉大なる勝利を獲得した。そうやって中華民族5000年あまりの文明を守りきったのだ。これは戦争史上の奇跡であり、中華民族の壮挙である。

ここに中華民族の偉大なる復興という光明が差す前景が、開闢《かいびゃく》したのだ。人民解放軍は、人民の子弟兵だ。私はここに、30万の軍人を削減すると宣布する。中華民族の偉大なる復興は、一代一代の人々の努力によっている。われわれは歴史の偉大なる真理を肝に銘じるのだ。正義必勝！　平和必勝！　人民必勝！」

中国中央テレビのアナウンサーは、1949年の建国以降、計14回の軍事パレードを行ってきたが、抗日戦争勝利をテーマにした軍事パレードは今回が初めてで、3500万人の中華民族の犠牲者を弔うたいへん意義深い行事だと力説した。

軍人の削減は、歴代の指導者も欠かさずやってきた。人民解放軍は毛沢東時代の1960年代、最大で600万人もいた。それが毛沢東時代末期に400万まで減らした。次の鄧小平は100万人削減した。続いて江沢民が50万人、胡錦濤が20万人減らした。

習近平主席は、本来なら2013年11月に開かれた「3中全会」（中国共産党第18期中央委員会第3回全体会議）で、30万の軍人削減を決めたかった。だが軍の抵抗が激しく、逆に東シナ海の防空識別圏を設定するなど、軍に配慮せざるをえなかった。

それが2014年から2015年にかけて、江沢民派の軍の両巨頭だった徐才厚《じょさいこう》と郭伯《かくはく》雄《ゆう》両前中央軍事委員会副主席を引っ捕らえ、急速に軍の掌握を強めていった。そこで軍が主役となるこの日に、一気に宣言してしまったのだった。加えて「中国は軍拡していない」と、世界に向けてアピールする意味もあった。

10時19分に、司会者の李克強首相が「閲兵開始」を宣言すると、習近平主席が天安門の楼上から太和殿の前庭に降りていき、待機していた国産車「紅旗《こうき》」に乗り込んだ。「紅旗」は、習近平主席の父・習仲勲元副首相もかつて乗っていた中国の幹部専用車で（ただしエンジンはベンツ製）、習近平主席も子供のころ、父親に乗せられたことだろう。

時代錯誤的な軍事パレード

習主席は、「紅旗」に乗って天安門から12車線の長安街を東へ進み、約2km先の第二環状道路と交わる建国門の手前で引き返した。その間、居並ぶ1万2000人の軍人に、

「同志們好《トンジメンハオ》！」（同志たちよ、元気か）

「首長好《ショウジャンハオ》！」（首長さま、元気であります）

「同志們辛苦了《トンジメンシンクラ》！」（同志たちよ、ご苦労）

「為人民服務《ウエイレンミンフーウー》！」（人民のために服務します）

と、200m進むごとに1回くらい声をかけ、返事を受けた。

人民解放軍を閲兵する習近平主席。本来であれば、写真のように軍人は右手を上げるべきところ、何度も左手を上げてしまった（新華社＝共同）

習近平主席は、20分近く「紅旗」に乗っている間、緊張した面持ちだった。そのせいか、何度も左手で敬礼するというミスを犯した。軍人なら右手で敬礼するのが常識だが、軍のトップが何度も左手で敬礼してしまったのだ。

習主席が天安門に戻ってくると、空軍のヘリコプターが8機で「7」の数字を、12機で「0」の数字をかたどり、合わせて「70」を演出しながら、天安門上空を飛行した。

その後は、300人近い「老兵」たちが、2台の車に乗って行進した。続いて、207人からなる「三軍儀仗隊」の一糸乱れぬ行進。さらに、中国共産党軍の初期10部隊が行進した。テレビアナウンサーの解説によれば、行進は96mの距離を、1歩75cmの歩幅で、互いに1・2mの距離をおきながら、128歩ちょうどで歩ききるのだという。

10時57分、中国の軍事パレードで初めて、17ヵ国の軍隊の行進が行われた。ラストは、特別扱いのロシア軍が行進した。

11時5分からは中国軍の兵器が行進した。計27の部隊が、地面突撃、防空反導、海上攻撃、戦略打撃、情報支援、後装保障の6テーマに沿って最新兵器を繰り出した。行進した500種類以上の兵器のうち、84％が初お目見えだという。

続いて空軍の番で、8色の煙を吐く8機の戦闘機、その後方を200機の戦闘機が編隊を組んで飛行した。最後は7万羽の鳩が天安門広場に放たれて終わった。

壮大な軍事パレードには、習近平主席の見栄とプライド、そしてアナクロニズム（時代錯誤）が凝縮されていた。中国が日本軍に勝ち、アメリカと並ぶ軍事大国となったことを鼓舞したかったのだろう。

だが、なぜか私は、「習近平の哀《かな》しさ」を垣間見た気がした。

第6章

ワシントンの屈辱
(2015年秋)

2015年9月25日、米ホワイトハウスで共同記者会見する固い表情のオバマ大統領(右)と習近平主席(ゲッティ=共同)

極貧時代を披露

新調の紺の背広に青いネクタイを締めた習近平主席と、真っ白のツーピースのスーツ姿の彭麗媛《ほうれいえん》夫人が、朝の陽光を浴びながら、仲睦まじげに手をつないでタラップを降りてきた。9月22日午前9時半、習近平主席が、2015年中国外交のハイライトと位置づける国賓としてのアメリカ訪問が、西海岸のシアトルから始まった。

習近平主席はまず、ワシントン州のインズリー知事、シアトル市のマレー市長、ワシントン州選出の連邦議会議員らと懇談し、その後、第3回米中知事フォーラムに参加した。アメリカの各州は、チャイナ・マネーに熱いまなざしを送っていた。中国からアメリカへの直接投資額は、2012年が93億ドル、2013年が156億ドル、2014年が170億ドルと年々上昇していて、2015年は上半期だけで164億ドルに達していた。アメリカの43の州が中国の地方政府と友好姉妹関係を結んでおり、両国にそれぞれ約200の友好姉妹都市が存在した。

だがこのとき、習近平主席が見ていたのは、シアトルや地方政府ではなくて、あくまでも「本丸」のホワイトハウスだった。「農村から都市を包囲せよ」――尊敬する毛沢東が国共内戦で取った軍事戦略を、アメリカで応用したのである。

この日のワシントン州とシアトル市による歓迎宴で、習近平主席は意外な一面を見せた。司会役でアメリカの「親中派筆頭」キッシンジャー元国務長官からスピーチを求められた際、初めて自分の口から、青年時代の苦労話を始めたのだ。

「私は前世紀の60年代末、まだ十何歳で、北京から陝西省《せんせい》延安《えんあん》市近郊にある梁家河《りょうかか》という寒村に派遣され、そこで7年間、農民をした。貧しい村民たちとともに穴倉で生活し、土坑の上で寝た。何ヵ月も、一切れの肉さえ食べられないありさまだった。私はその村の党支部の書記になり、中国の庶民が何を求めているのかを理解した。

今年の春節前（2月13日）、私はその村を再訪した。新しい道が通っていて、村民たちはレンガの家に住むようになっていた。インターネットを楽しみ、医療保険に加入していた。もはや一切れの肉を夢見るようなことはなかった。

梁家河のこの間の変化は、中国社会の発展の縮図だ。三十数年を経て、13億の民は貧困から抜け出し、中国は世界第2の経済大国となった。そのような中国人は、世界の平和と発展のために、重要な貢献ができるのだ」

会場は、大きな拍手に包まれた。この日のスピーチの内容は、すぐにホワイトハウスに届けられたに違いなかった。習主席は、やはり貧しい少年時代を過ごしたオバマ大統領に、互いに共通点があることを知らしめたかったのではなかろうか。

米中IT企業の幹部が集結

翌日の午前中、ボーイング社を訪れた。中国語では「波音《ボーイン》」と美しい名称で呼ばれる米防衛産業一の親中企業である。コナーCEOらが習近平夫妻を丁重に出迎え、中国国際航空に引き渡す787型航空機の操縦席に案内した。操縦桿《かん》を握った習近平主席はご機嫌で、航空機300機、総額380億ドルに上る超大型契約の調印を見守った。防衛産業といえども、親中派になればこれだけ利益を生むのだということを見せつけたのだった。

午後は、シアトル郊外レドモンドにあるマイクロソフト本社を訪問し、創業者ビル・ゲイツ夫妻やナデラーCEOの出迎えを受けた。習近平夫妻の参観に合わせて、マイクロソフト本社のホールで、第8回米中インターネット産業フォーラムが開かれた。中国側から15人、アメリカ側から13人のVIPが集まり、習近平夫妻が見守る中、1時間40分にわたって、インターネットの将来について討論したのだった。

中国側出席者は、馬雲アリババ集団総裁、馬化騰テンセントCEO、張亜勤バイドゥ社長、劉強東・京東CEO、張朝陽・捜狐CEO、楊元慶レノボCEO、歴軍・曙光総裁、田溯寧・中国ブロードバンドキャピタル会長、瀋南鵬・紅杉キャピタル執行パートナー、熊群力・中国電子会長、劉烈宏・中国電子社長、程維・滴滴快的CEO、孫丕恕・浪潮集団会長、周鴻禕・奇虎360会長ら。一方のアメリカ側は、ナデラー・マイクロソフトCEO、瀋向洋同副総裁、クルザニッチ・インテルCEO、ロメッティIBM会長、クック・アップルCEO、モレンコフ・クアルコムCEO、ザッカーバーグ・フェイスブックCEO、ホフマン・リンクトイン創業者、楊致遠ヤフー創業者、チェスキー・エアビーアンドビーCEOらである。なお、グーグルとツイッターのCEOは、「中国で禁止されているのに行っても無意味」として欠席だった。

習近平主席は、この錚々《そうそう》たる顔ぶれを前に、「中米は世界の2大インターネット大国であり、両国のインターネットの発展は世界中の人々に幸福を与える」と語り、ご満悦だった。このイベントも、中国のサイバーテロを非難するオバマ政権への痛烈なアピールだった。

オバマからの叱責

こうして習近平主席は、9月24日夕刻、満を持してワシントンへ乗り込んだ。習近平主席にとってみれば、2013年6月のカリフォルニア州での初会談では、超大国アメリカのオバマ大統領に「新型の大国関係」を提案したものの、格下扱いされた。それが2014年11月の北京会談では、ウクライナやシリア問題で手一杯のオバマ大統領から、「アジアのことは中国に任せる」という言質を取るところまで来た。3度目の今回こそは、両国が対等の立場で「新型の大国関係」を築くのだという心意気だった。

だが、ワシントンに降り立ってみれば、アメリカ人や米マスコミが熱狂していたのは、習近平主席ではなくて、同時期に訪米したローマ法王フランシスコだった。中国はアメリカに、ローマ法王訪米の時期をずらすよう要請したが、オバマ大統領が突っぱねた。そのため、トップニュースはつねにローマ法王関連で、首都ワシントンには、まさに「中国の熱気、アメリカの冷気」が漂っていた。

同日夜、国賓の習近平夫妻を歓迎するオバマ大統領主催の公式晩餐会が、ホワイトハウスで催された。だがこの晩、習近平主席は、思いもよらぬ「冷遇」を受けた。後に中国の外交関係者が明かしたところによれば、「飯もまずくなるほど」サイバーテロや南シナ海の埋め立て問題に関して、習近平主席はオバマ大統領から叱責された。中国経済の失速についても指摘された。

晩餐会を終えてホールに出てきた習近平主席は、苦虫を嚙み潰したような表情をしていた。どこかで見た表情だと思ったら、前年11月に初めて安倍首相と握手したときの様子に似ていた。

翌日午前中、ホワイトハウスで開かれた米中首脳会談でも、両首脳の間で激しい応酬となった。まずは、中国側が首脳会談の目玉に持ってこようとしていたBIT（米中二国間投資協定）についてである。

習「わが国はBIT締結を、2001年のWTO（世界貿易機関）加盟に次ぐ『第二の開国』と捉えている。私は今回、ワシントンに来る前にシアトルに立ち寄ったが、全米の州知事らからも、もっと中国企業に投資してほしいとせがまれた。IT産業や航空産業からも、中米の提携を望む声が続々と上がった。

だが中国企業のアメリカ投資を加速させるには、BIT締結が不可欠だ。中米間のBIT交渉は2008年以降、すでに21回も行っているが、いまだにまとまらない。それはひとえにアメリカ側が、中国企業がアメリカの最先端企業に投資するのを拒んでいるからだ」

9月24日、米ワシントンで、歩きながら話すオバマ大統領（左）と中国の習近平国家主席（ロイター＝共同）

オバマ「中国が、適切な形で国有企業改革を進めるのが先だ。寡占的な国有企業に較べてアメリカ企業は、中国市場において差別的な待遇を受けている。今年上半期のアメリカから中国への直接投資額が、前年同期比で37・6％も減少していることが、中国の改革の鈍さを物語っている」

習「国有企業改革に関しては、私が訪米する直前に、国家発展改革委員会が指針を発表したとおりで、早急に進めていく。双方が提出したネガティブリストに沿って、BIT交渉を加速させたい」

冷ややかな共同記者会見

こうしてBITを巡っては、またしても進展をみなかった。続いて、サイバーテロに関しても、両首脳の間で非難合戦となった。

オバマ「昨晩も述べたが、アメリカ政府のコンピュータがサイバーテロに遭い（7月9日発表）、2000万人に上る個人情報が流出した。これを綿密に調査した結果、中国政府が関与したサイバーテロと認識した。こうした行為は絶対に許さない」

習「この夏、中国政府のコンピュータもサイバーテロに遭っており、アメリカ政府が関与したものと断定した。わが国もサイバーテロの被害者だ」

サイバーテロに関しては、米中で年に2回、防止のための協議を行うことで合意した。

さらに、南シナ海の埋め立て問題を巡っても、両首脳はバトルを繰り広げた。

オバマ「ここのところ中国が南シナ海で行っている埋め立ては、地域の現状を変更する試みであり、アメリカ政府として看過できない」

習「南シナ海は古代から中国の領土・領海であり、いかなる国にも内政干渉はさせない。わが国は、主権を主張する国とは、個別に話し合いを続けており、それは今後とも継続する。この件に関して、外部者であるアメリカは、あくまでも中立の立場を保持すべきだ」

オバマ「これまでも軍からは、南シナ海での『航行の自由作戦』を求める声が上がっていたが、私は『習近平主席と話す』として、却下してきた。だが習主席がそのように主張するのなら、すぐにも軍に『航行の自由作戦』を許可し、中国の埋め立て地から12海里（約22km）内に入り、南シナ海が国際法に基づいた自由な海であることを地域の国々に示す」

このように、まさに「決裂続き」の様相を呈した。それでもいくつかの成果はあった。

中国にとって最大の成果は、年末に開かれるＩＭＦ（国際通貨基金）理事会で、中国の人民元をＳＤＲ（特別引き出し権）に加えることに関して、アメリカの了承を得たことだった。後述するように、これによって人民元は、国際通貨としての地位を獲得した。加えてオバマ大統領は、２０１０年のＩＭＦ理事会の合意事項（中国の議決権を6位から3位に引き上げる決定）を、アメリカが早期に批准することも約束した。

また、イランの核問題に関して7月14日、米中を含む関係各国が包括的共同行動計画の合意に達し、7月20日に国連安保理が、イランへの経済制裁解除を決めたことも、「米中共同外交の賜《たまもの》」として、両首脳が高く評価した。そして引き続き、もう一つの核開発問題の紛争地である北朝鮮に関しても、協力していくことで一致したのだった。

両国は結局、「共同声明」すら出せなかった。激しい会談を終えると、二人揃って、ホワイトハウスのローズガーデンに出てきて、58分に及ぶ共同記者会見を開いた。米中の記者たちを着席させ、オバマ大統領から発言した。

「初めて習近平主席と会ったのは、２０１２年（2月）に国家副主席として訪米した際で、今回が6回目の会談だった。私がホワイトハウスに来てから、アメリカの対中輸出は2倍近くに伸び、約100万人のアメリカ人の雇用を生んだ。その意味で、アメリカは中国の平和的で安定した台頭と、中国が国際社会で責任あるプレイヤーとなることを歓迎する。

私はアメリカの企業や国民に向けたサイバーテロが増加している脅威について、深刻な懸念を表明し、これをストップさせると強調した。そして今日ここにアナウンスするが、両国政府は今後、サイバーテロを行わないし、サポートもしない。

激しい会談を終えて、厳しい表情で共同記者会見に臨んだオバマ大統領（右）と習近平主席（ロイター＝共同）

東シナ海と南シナ海の件も議論した。アメリカは自由な航行権を確保するため、国際法の許す世界のどこへでも行く。そして習主席に対して、中国が行っている当該地の埋め立てと軍事化に、強い懸念を伝えた」

黙って聞いていた習近平主席が、続いて発言した。

「2013年にサニーランズで会談した際、『新型の大国関係』構築に向けて進み出すことで合意した。今回、アメリカがIMFで人民元がSDRに加わることや、2010年のIMFの合意履行を推進すると約束してくれたこと、及び軍事交流のレベルアップで合意したことなどを評価したい。

南シナ海の島々は古来、中国の領土だ。だから中国は、そこに主権を行使する正当性がある。国際法の範囲内での自由な航行は尊重する。南沙諸島での埋め立ては、どの国をもターゲットにしておらず、軍事化を追い求める意思もない。

また、中国とアメリカは、インターネット分野の2大国であり、対話と協力を進めていく。サイバー犯罪には両国で協力して戦っていく」

質疑応答では、ブルームバーグのマーガレット・タレイ記者が、一番手に指名された。

「ふだんから中国のサイバーテロに遭っているアメリカ人とすれば、今後いつどういった保障がなされると考えればよいのか？　習近平主席に聞くが、アメリカ人を攻撃する中国人ハッカーをどう糾弾するつもりなのか。

それから、これは私が聞かないと記者仲間に殺されるから聞くが、ホワイトハウスのスポークスマンのジョン・ベイナーが辞意を表明したことをどう受け止めているか」

オバマ大統領は、右隣に立つ習近平主席のほうを厳しい表情で見やってから答えた。

「米中両政府は今後、あらゆるサイバーテロに共同で対処していく。これが本日の首脳会談の進展だ。だが本当に進展があるかは、今後の状況次第といえる。

ジョン・ベイナーの件は、ここへ来る途中で聞いて驚いている。彼はすばらしい愛国者で……（以下、延々とベイナー氏の話を続ける）」

ようやくオバマ大統領が話し終えたところで、習近平主席が言い添えた。

「中国政府もサイバーテロには反対する。中国のインターネット愛好者は、6億人以上もいて、世界最大だ。インターネット空間でのアメリカとの協力関係を深めていきたい」

次に中国中央テレビ記者が、「中国の平和的台頭」について質問した後、ニューヨークタイムズのジュリー・デイビス記者が唐突に、オバマ大統領と共和党主導の連邦議会との関係について質した。するとオバマ大統領は、自分はレイムダックではないと、再び延々と主張し始めたのだった。その間、習近平主席はイヤホンを耳に当てながら、「何のことだ？」という様子で聞いていた。

最後に『人民日報』記者が、「中米関係の現状」について質問し、会見はお開きになった。ここでも「中国の熱気とアメリカの冷気」を痛感させられたのだった。

オバマ大統領が習近平主席を冷遇したのは、主に二つの理由からだった。一つは、サイバーテロと南シナ海の埋め立て問題によって、連邦議会や軍、友好国などからの突き上げがいよいよ激しくなり、看過できなくなったことだった。ワシントンでは、親中派の代表格であるライス安保担当大統領補佐官への包囲網が敷かれつつあった。

もう一つは、中国の経済失速である。独立間もない18世紀末から現在に至るまで、アメリカにとって中国は、つねに「自国に富をもたらす黄金市場」であり続けた。ところが昨今の中国の経済失速によって、それほど魅力がなくなってしまったのである。

オバマ大統領は、かつて胡錦濤主席に対しても同じことを述べたが、「アメリカは、平和的に繁栄する中国を歓迎する」。つまり「平和的でない」、もしくは「繁栄しない」中国は歓迎しないのである。

ちなみに中国では、両首脳の会見を中国中央テレビが生中継せず、会見終了から4時間半を経て、習主席が恥をかかないよう12分間のダイジェスト版にして放送した。

習近平主席はその後、気を取り直してニューヨークへ向かい、翌26日、創設70周年記念の国連総会で、2030年までに中国が120億ドルを提供する「南南協力援助基金」の設立を宣言した。だが国連本部の大ホールはガラガラで、かつ居眠りしている聴衆も少なからずいた。

習近平主席は唇を嚙み締めながら、太平洋を越えて帰途についたのだった。

中国経済失速とTPP大筋合意

9月30日は、翌10月1日の建国66周年を前に、午前10時から、天安門広場に幹部全員が集合し、抗日戦争と国共内戦で斃《たお》れた人民英雄に対する献花の儀式を行った。習近平主席は儀式を終えて中南海に戻ると、幹部たちを集めて、アメリカ訪問と国連訪問の「反省会」をやった。要は今後の「外交戦略会議」である。李克強首相以下「トップ7」、楊潔《ようけつ》篪《ち》外交担当国務委員、王毅《おうき》外相、王滬寧《おうこねい》党中央政策研究室主任、栗戦書《りっせんしょ》党中央弁公庁主任、王家瑞《おうかずい》党中央対外連絡部長……それに軍幹部らも招集された。

習近平主席は南シナ海の埋め立てについて、「これは21世紀の海の万里の長城である」として、当初の計画通り、遅延なく推し進めることを指示した。だが、アメリカと戦争になっては困るので、「アメリカを見返すための微笑外交」も並行して進めることにした。

今後、アジア地域でアメリカに対抗していくためには、軍事的にアメリカと結びついたアジアの周辺国と、ＮＡＴＯ同盟国であるＥＵ主要国を、アメリカから離反させていくしかないというのが結論だった。そのため10月１日からの国慶節連休が明けたら、すべての幹部がこの方針に沿って活動を開始していくことを再確認したのだった。

国慶節の連休中、中南海に嬉しくない消息が、立て続けにもたらされた。

一つは、フォルクスワーゲン（ＶＷ）の排ガス規制偽装問題が、アメリカで火を噴き、世界に広がったことだった。中国の最大の貿易相手はＥＵで、中でもその中心がドイツで、ドイツの中でも中心がＶＷだった。ＶＷは２０１４年の全世界での販売台数１０１６万台中、中国で３６８万台も販売していた。じつに全体の3分の1を超える量で、ＶＷが失速すれば、降下中の中国経済が、さらに急降下するリスクがあった。

もう一つは10月5日に、ＴＰＰ（環太平洋パートナーシップ協定）が大筋合意に達したことだった。ＴＰＰ参加12ヵ国を牽引するアメリカと日本は、これを何とか妥結させようと、互いに譲歩する姿勢を見せた。9月26日から米アトランタで始まった交渉の最終ラウンドは、延長、再延長、再々延長し、10月5日、ついに12ヵ国が大筋合意に達したのだった。

オバマ大統領は同日、「中国ではなく、われわれが世界経済のルールを作る」と、語気を強めて語った。安倍首相も次のように力説した。

「TPPは、日本とアメリカがリードして、アジア太平洋に自由と繁栄の海を築き上げるものだ。経済面での地域の『法の支配』を抜本的に強化するものであり、戦略的にも非常に大きな意義がある」

TPPとは、日米が中心になった経済的な「中国包囲網」にほかならないことを、はからずも日米両首脳が吐露したようなものだった。日本は9月19日に安保法を成立させていて、軍事的にも中国に対抗していくシステムを整えた。

TPP基本合意を受けて、習近平政権は中国メディアを総動員して、国民の不安を掻き消そうと躍起になった。TPPが大筋合意したからといってアメリカで批准されるとは限らない、TPPが発効したからといってただちに貿易システムは変わらない、中国は個別に各国と自由貿易協定を結んでいるので影響はない、中国には「一帯一路」とAIIB、自由貿易区があるので問題ない……。

オバマ親中派高官の牽制

10月13日、米マサチューセッツ州ボストンで行われたアメリカとオーストラリアの2+2（安全保障協議委員会）を終えた後の米豪共同記者会見で、ケリー米国務長官は、これまでにない厳しい口調で述べた。

「われわれは今回、東シナ海と南シナ海において平和と安定を維持することの重要性について、深く話し合った。航行と航空の自由は、国際海洋法における最も基本的な原則だ。われわれは、これ以上の（中国による）埋め立て、建設、土地の軍事活用化をやめさせるため、ともに行動していくことで一致した」

続いてカーター米国防長官も、険しい顔つきで述べた。

「（中国は）見誤ってはならない。アメリカは、世界中の国際法が許すあらゆる地域を飛行し、航行する。それは現在の南シナ海も例外でないし、今後の南シナ海も例外ではない。アメリカは、この地域の安全保障の中枢を担ってきた過去70年の役割を継続する」

オバマ政権が発足して6年半で、国務長官と国防長官が揃って、これほど強い形で中国を牽制したのは、初めてのことだった。

中国はスプラトリー諸島（南沙諸島）の岩礁を次々に埋め立て、人工島を建設中だった。ヒューズ礁（東門礁）、ファイアリー・クロス礁（永暑礁）、ミスチーフ礁（美済礁）の3ヵ所では、大規模な軍事用滑走路を建設していた。そのほか、ガベン礁（南薫礁）、クアテロン礁（華陽礁）、エルダッド礁（安達礁）、ジョンソン南礁（赤爪礁）、スービ礁（渚碧礁）を埋め立て、人工島を建設中だった。

9月下旬には、これらの岩礁を、海軍トップの呉勝利海軍司令員が、中国艦隊を率いて視察した。また、10月9日には中国交通運輸部が、華陽礁と赤爪礁にそれぞれ高さ約50mの灯台を完成させた式典を、現地で開いた。南沙諸島は中国のほかに、台湾、フィリピン、ベトナム、マレーシア、ブルネイが領有権を主張しているが、中国はまさに、南沙諸島全体の実効支配を、着々と進めていた。

これに対し、アメリカは遅ればせながら、軍艦を南シナ海に派遣するとともに、日本、韓国、フィリピン、ベトナム、インド、オーストラリアなどとの協力関係を強化し、中国の「膨張」を食い止める方針を定めたのだった。実際、アメリカ軍とフィリピン軍は10月1日から9日まで、マニラ近郊の海軍基地などで、合同軍事訓練を行った。両軍の海兵隊員ら約1500人が、中国が建設を進める人工島を想定して、小型ボートで海岸に上陸し、敵を攻撃する訓練を行った。日本の自衛隊幹部も、現地に赴いて視察した。

日中韓サミットの暗闘

こうした中、中国は、周辺諸国に対する「微笑外交」を加速させた。中国語には、「友が一人多ければ、開ける道も一本多くなる」（多一個朋友、多一条路）という言葉があるが、それを地で行く戦術を、実践に移し始めたのである。

まずは、これまで軽視してきた北朝鮮の朝鮮労働党が、10月10日に70周年を迎えるのに合わせて、中国共産党序列5位の劉雲山《りゅううんざん》常務委員を平壌に送り込んだ。喜んだ金正恩第一書記は、劉常務委員とともに金日成広場の壇上に上がって、軍事パレードを閲兵した。

次に、何かと敵対してきた日本に対しても、外交分野の最高責任者である楊潔篪国務委員を急遽、東京に派遣し、関係改善を模索した。15日に首相官邸を訪れた楊国務委員は、安倍首相と会談し、10月末か11月初旬に、ソウルで日中韓サミットを3年半ぶりに開くこと、および同日に安倍首相と李克強首相との日中首脳会談を開くことを決めたのだった。

11月1日、ソウルの「青瓦台《チョンワデ》」(大統領府)に、安倍首相、李克強首相、朴槿恵大統領が顔を揃え、日中韓サミットが開かれた。続いて同日夕刻には、安倍首相と李克強首相との初めての日中首脳会談も開かれた。その翌日には、安倍首相と朴槿恵大統領の間で、やはり初となる単独の日韓首脳会談も開かれたのだった。外務省関係者が明かす。

「日中韓サミットは、3ヵ国の平等が原則なのに、李克強首相は自分だけ国賓待遇を要求し、あろうことか朴槿恵大統領がこれを受け入れてしまった。そこでわれわれは、『朴大統領が国賓の李首相を公式晩餐会でもてなしている間、安倍首相は明洞《ミョンドン》で一人寂しく焼き肉でも食べていろというのか』と嚙みついた。それで何とか、1泊2日で李首相の国賓待遇を終え、1日午後に日中韓サミットという日程に持っていった。

ところが、日中首脳会談の場所を巡っても中国と激突した。こちらは安倍首相の宿泊地、ウェスティン朝鮮《チョソン》ホテルを要求したが、中国側は李首相が宿泊している新羅《シルラ》ホテルを要求した。日中韓サミットは午後3時半に終わったのに、その時点でまだ揉めていて、最後は中国側が『新羅ホテルに安倍首相が来なければ会談は行わない』と最後通告に出た。そこでこちらは、『今回は従うが次回は日本側が場所を決める』と確約を取って、ようやく午後6時半から実現した。会談後に安倍首相が、夜の朴槿恵大統領主催のレセプションにいっしょに行こうと誘ったら、李首相は断り、ホテルの裏口からこっそり会場に向かった」

中国の「微笑外交」は、あくまでもアメリカに見せつけるのが主目的だったのである。加えて、李克強首相の習近平主席に対する「自分も同格だ」という対抗心もあったに違いない。ともあれ、東アジアの外交とは会談する「内容」と同等に、「形式」も重要だということを思い知らされた一連の会談だった。

習近平のセンチメンタルジャーニー

習近平主席は、ヨーロッパとの「微笑外交」(もしくは「札束外交」)も敢行した。10月19日から23日まで、国賓としてイギリスを訪問したのである。オバマ大統領と英キャメロン首相との不仲は有名だったので、米英同盟に楔《くさび》を打ち込もうという思惑だった。

マスコミ嫌いで知られる習近平主席は、イギリスへ出発する前日の18日、国家主席になって初めて、英ロイター通信の取材を受けた。

記者「中国はアメリカに代わって『世界の警察』の役回りをすべく、世界各地に軍事基地を建設する気なのか？」

習「中国は『世界の警察』にはならないし、どこかの国（アメリカ）に取って代わることもない。中国は他国への内政不干渉を堅持する。中国の国防はあくまで防御用であり、永遠に覇を唱えず、領土拡張を狙わず、自国の意志を他国に強制もしない」

記者「しかし現実には、南シナ海で、多くの隣国を悩ませているではないか。中国は南シナ海をどうしたいのか？」

習「南シナ海は、古代から紛れもなく中国の領土だ。何人《なんぴと》であれ、中国の主権と利益を侵すことはできない。中国が南シナ海で行っていることは、自身の領土主権を維持し保護する正当な行為だ。それを自国の領土の範囲でもない者が主権を要求することこそが、拡張主義というものだ。

南シナ海は現在、各方面の共同の努力によって安定している。南シナ海は、中国が海外と経済往来するのに必要な道なのだ。中国は南シナ海の動乱を望んでいないし、ましてや自分から動乱を起こすつもりもない」

習近平主席は彭麗媛夫人を帯同し、19日午後、ロンドンへ向かった。

20日昼過ぎ、習近平夫妻はチャールズ皇太子夫妻の先導で、騎兵隊の閲兵場所へやってきた。ロンドン橋とグリニッジ公園で、それぞれ62発と41発の礼砲が鳴り、エリザベス2世女王とフィリップ親王が出迎えて、中国国歌が演奏された。フィリップ親王の先導で、習近平主席が閲兵を行う。その後、金箔《きんぱく》が張られた王室馬車にエリザベス2世女王と同乗し、バッキンガム宮殿まで進んでいった。宮殿の玄関口では、キャメロン首相夫妻が出迎えた。中国中央テレビは、こうした様子を7分27秒にわたって「感動的に」放映した。

習近平主席は、このような格式張った儀式が大好きだった。習近平政権のスローガンは、「中華民族の偉大なる復興という中国の夢の実現」である。習主席が説く「偉大なる復興」とは、イギリスに負けた1840年のアヘン戦争以前の状態に戻すことを意味する。それは香港がイギリスに割譲される前の状態である。習主席にとって国賓としての訪英とは、まさにそのような中華民族の「恨み」を昇華させることでもあったのである。

前妻の独白

習近平主席はこのとき、密かに「もう一つの恨み」もおさめた。それは前妻との一件だ。習仲勲《しゅうちゅうくん》元副首相の息子である習近平は、1979年に柯華《かか》駐英大使の娘で、2歳年上の柯玲玲《かれいれい》と結婚した。だが3年で離婚。その後、1987年に国民的歌手だったいまの彭麗媛夫人と再婚している。

その前妻の柯玲玲は離婚後、英国籍を取得してロンドン在住で、市内の病院で主任を務める傍ら、ロンドン大学アジア・アフリカ研究学院客員教授を兼任している。彼女は習近平主席の訪英前、ロンドンの華僑向け新聞『英国僑報』のインタビューに答えて、習近平との結婚生活を吐露した。たいへん貴重な独白録なので、全文を訳出する。

〈私たちは1979年に結婚したけど、互いの価値観と性格が合わなかった。それで私は3年後に離婚し、イギリスに移住したの。

離婚の前、習近平は河北省正定県の党委書記の候補になっていた。彼はいっしょにイギリスに移り住むことを拒み、私を西側の華美な生活に染まっていると非難した。私は何度も彼を説得したけど、同意してくれなかった。それで別れることにしたの。

当時は、離婚というのは、一種の事件のようなものだった。私が習近平と過ごした時間は短かったけれど、後悔しているも何も、私たちにはほとんど何も共通点がなかった。

当時の習近平は、非常に執着心の強い男で、いつか大事業を成し遂げたいという野心を抱いていた。それでいて、私が話すことには馬耳東風だった。そこで私は、離婚の道を選んだの。互いの心の隔たりは大きく、現実問題として、愛情ある結婚生活は無理だったわ。でも父は、離婚に強く反対した。私を単なるわがまま娘と思ったのよ。

私がイギリスに渡ると、習近平はその後3年くらい、ほとんど毎週のように、しつこく電話してきたわ。当時、中国にはまだ電話が普及していなかったから、イギリスまで国際電話をかけるのはたいへんだった。それなのに私ったら、一度たりとも彼からの電話を取らなかった。それで彼は、すごく傷ついたみたい。

彼は、私たちの結婚を、もう一度やり直そうと考えていたようだった。でも私は、鉄の意志で固く拒否した。それでいつしか完全に終わってしまった。でも彼の心の中には、私に対する愛情が残っていたことを、私は分かっていたわ。

そんな習近平が、中国の最高指導者になるなんて、夢にも思っていなかった。それでも彼が国家主席になったことは、喜ばしいことだわ。なぜなら私たちが別れたとき、彼はただの課長クラスにすぎなかったのだから。

彼は一種の理想主義者で、私はずっと、潜在的な才能が備わっていると思っていた。でも彼のそうした能力は、当時の私には何の意味も持っていなかったの。いまにして思えば、習近平はまっすぐな人だった。それは唯一、彼の長所と認めていい点だったわ。

当時は、彼が何事にも執着心が強すぎる男だと思っていた。でもそれは、私たちがいっしょに過ごした時間があまりに短く、私が彼をよく理解していなかったのかもしれない。いま振り返ると、彼がやっていた多くのことは、正しいことだったの。ただ彼は若すぎて、わりとすぐに衝動的な行動を起こした。

いや、彼のことを理想主義者と言ったけど、そうではないわ。彼のやることは計画立っていて、一歩一歩順を踏んで進めていた。むしろ私のほうが理想主義者だったかもしれない。女性というのは、ロマンチックな男性を好きになるものでしょう。でも習近平は、まったくそういうタイプではなかった。私はいつも、なんてカチカチの男なんだろうと思っていた。たぶん私たちの成長した環境と教育が、齟齬《そご》の背景としてあったのでしょうね。

実は彼と離婚してから、一度だけ、深圳《しんせん》で会ったわ。習近平が国家副主席のとき。私は父、姉と深圳に墓参りに行ったの。そうしたら習近平もそのとき、深圳に視察に来ていた。彼は私の父を慰問しに来て、私たち一人ずつと握手した。私も握手したわ。

でも、なんとなくバツの悪い再会だった。30分くらい、私たちは世間話をしたの。目の前の習近平を見ながら、この人もずいぶん年を取ったものだと、そればかり思っていた。

今回、ロンドンの中国大使館が、10月に習近平主席が来るから、イギリスの華僑代表として、私を歓迎会の席に呼びたいと言ってきた。彼は中国共産党総書記になって3年になるけど、初のイギリス訪問だわ。それは中国とイギリスの両国にとってメリットのあることで、私はイギリス在住の華人として、たいへん誇りに思うし、個人的にも嬉しいわ〉

結局、習近平主席は、劉暁明《りゅうぎょうめい》駐英大使の取り計らいによって、「イギリス華僑代表」に祭り上げられた柯玲玲と、ロンドンで待ち望んだ再会を果たしたという。習近平主席は、どうしても自分の雄姿を、かつて自分を捨てた女性に見せつけたかったのである。ちなみに彭麗媛夫人には、この一件は伏せられたそうだ。

女王主催の晩餐会

20日、エリザベス2世女王主催の午餐会を終えた習近平主席は、午後4時から、イギリス国会で演説を行った。キャメロン首相以下大臣たち、上下院議員、王室代表など500人を超える聴衆が、同時通訳のヘッドホンを耳に当てながら、習近平演説を聞いた。前月にワシントンを訪問した際には、非民主主義国家の元首ということで、アメリカ連邦議会で演説させてもらえなかった。それだけに習近平主席は、大西洋の向こうのワシントンにも聞かせるかのように、野太い声で語った。

「新中国成立以来、両国は多くの『第一』を築いてきた。イギリスは第一に新中国を承認した西側の大国であり、中国と率先して全面的な戦略的パートナーシップ関係を構築したEUの国だ。また、香港を除く最大の人民元の域外交易センターであり、中国の留学生を大量に受け入れていて、孔子学院が最多のEUの国でもある。イギリスはほかにも、人民元債を最初に発行した西側国家であり、AIIBに最も早く加入申請した西側の大国だ。

シェークスピアは言った。『過ぎ去ったことは序章にすぎない』（『テンペスト』の中のセリフ）。皆様が『登高望遠《とうこうぼうえん》』（習近平主席の常套句で、高みに登って遠くを望む）を実行し、中英友好の貢献者となり、中英提携の支持者となることを願う」

10秒間くらい拍手が続いた。前列に陣取った劉暁明駐英大使がニンマリする。

続いて、習近平夫妻はクラレンス宮に赴き、チャールズ皇太子、カミラ夫人と面会した。ダライ・ラマ14世を支持しているチャールズ皇太子は、夜の女王主催の晩餐会を欠席するため、習近平夫妻が挨拶に赴いたのである。その後、習近平夫妻はバッキンガム宮殿に移って、ウイリアム王子や労働党幹部と面会。そこで習主席は新調した人民服に、彭麗媛夫人は紺のパーティドレスに着替え、女王主催の晩餐会に臨んだ。

最も格が高い女王主催の晩餐会のスピーチでも、習近平主席の口から、「抗日戦争勝利70周年」が飛び出した。御年89歳のエリザベス2世女王に、若かりしころの「英中抗日共闘」の記憶を甦《よみがえ》らせようという意図があったのだろう。だが当時の中国は、習近平主席が誇る中国共産党の国ではなく、国民党率いる中華民国だった。また、習近平主席のスピーチ中、少なからぬ出席者がうたた寝を決め込んでいた。

人権には目を瞑るオズボーン財務相

翌21日は午前中、ダウニング街10番地のイギリス首相官邸を訪れ、キャメロン首相との英中首脳会談に臨んだ。

習近平主席は、外国の指導者を「敵」(仇恨人士)と「味方」(友好人士)に二分する癖がある。キャメロン首相は2012年5月に、セントポール大聖堂でダライ・ラマ14世と面会したので、元来は「敵」だった。だが翌年末に訪中したときから「味方」に変わった。

特に、オックスフォード大学の同級生で側近のオズボーン財務相は、最大級の「友好人士」だった。日本語で言うなら「媚中派《びちゅう》」である。オズボーン財務相は、2015年9月にわざわざ、独立問題に揺れる新疆《しんきょう》ウイグル自治区まで訪問して、「ユーラシア大陸の東西をつなぐすばらしい民族和解の地」と持ち上げた。そのキャメロン首相とオズボーン財務相を前に、習近平主席は晴れ晴れとした表情で述べた。

「イギリスは伝統ある国なのに、若々しい躍動感に溢れている。いまや両国関係は、ダブルウインの『黄金時代』を迎えており、互いの主権、独立、領土を尊重しあう間柄だ。イギリスが先進国として初めて、AIIBに参加を表明してくれたことを感謝するとともに、中国の欧州復興開発銀行加盟を後押ししてほしい」

これに対して、キャメロン首相も応えて言った。

「イギリスは、中国にとって西側で最良のパートナーだ。今後も金融、エネルギー、新産業などの分野で提携を重ねていこう。イギリスはAIIBに参加し、中国が進める『一帯一路』を積極的に研究する。そして中国企業のわが国への投資を歓迎する。EUと中国の自由貿易協定も後押しする」

英仏独を「爆買い」

英中首脳会談後の共同記者会見で、キャメロン首相は、「今回の習近平主席の訪英中に、総額400億ポンド（約7兆4000億円）の投資および経済案件について合意した」

と胸を張った。その最大の成果として、ヒンクリーポイントの原発建設を挙げた。中国の国有企業である中国広核集団が、60億ポンド（約1兆1000億円）を出資し、事業の株式の33・5％を取得するという。

ＢＢＣの記者が人権問題について、習近平主席に意地の悪い質問をぶつけた。すると習主席は、憮然《ぶぜん》とした表情で答えた。

「中国は人権重視国家だ。われわれは人権の普遍的価値と、中国の現実とをマッチさせ、中国の国情に見合った人権発展の道を歩んでいる。それに世界のどの国だって、人権では何らかの問題を抱えているではないか」

キャメロン首相もフォローして、ＢＢＣ記者に反撃した。

「人権問題と、中国との強力な関係維持とが両立しないというのはおかしい。実際、私は両立させている。むしろ強力な関係を維持しているからこそ、人権問題も話し合えるのだ」

習近平主席は存分に、ワシントンへの「報復」を果たして帰国したのだった。

習近平式の「報復」は、これに終わらなかった。10月29日と30日、習近平主席は「盟友」であるドイツのメルケル首相を北京に招いた。８度目の訪中を果たしたメルケル首相は、エアバス１３０機、計１７０億ドル（約2兆円）の大型契約に、頬が緩みっぱなしで、「中国経済はまだまだ拡大していく」と持ち上げた。

続いて11月2日と3日には、フランスのオランド大統領を中国に招いた。中仏首脳会談では、原発事業や航空機製造での新たな提携を決めた。オランド大統領も、習近平主席が進める「一帯一路」への全面的な賛意を表明したのだった。

こうして習近平主席は、短期間のうちに英仏独を「爆買い」して、アメリカへの対抗意識を剝き出しにした。中国の「札束外交」恐るべしである。

「航行の自由作戦」

そんな中、アメリカ軍は10月27日、満を持して「航行の自由作戦」を敢行した。横須賀基地を母港とする駆逐艦「ラッセン」が、南沙諸島で中国が埋め立て工事を進めるスービ礁(渚碧礁《しょへきしょう》)の12海里内を航行したのだ。

折しも北京では、26日から29日までの日程で、「5中全会」(中国共産党第18期中央委員会第5回全体会議)を開催中だった。この会議は習近平主席が主催し、中国共産党8779万人のトップ355人が一堂に会して行う、年に一度の共産党の重要会議である。アメリカは、この会議を狙い撃ちにして、習近平主席のメンツを潰しにかかったのである。

中国はすぐに反応した。国防部の楊宇軍《ようううぐん》報道官は、怒りの談話を発表した。

「アメリカは中国政府が何度も交渉し、固く反対しているにもかかわらず、駆逐艦『ラッセン』を、中国南沙諸島の島嶼《とうしょ》近岸水域に侵入させた。国防部は断固として反対し、海軍のミサイル駆逐艦『蘭州《らんしゅう》』と巡視艦『台州《たいしゅう》』を、法に則って派遣し、警告を発した」

ほかにも、外交部が北京駐在のボーゲル米国大使を呼びつけて抗議したり、ワシントンの崔天凱《さいてんがい》中国大使がCNNテレビを通じて抗議声明を出したりした。

だが南シナ海の「現場」では、アメリカが中国に事前通告していたこともあって、巡視艦「台州」は、駆逐艦「ラッセン」を追尾しながらも、表面上は友好的な態度を見せた。

このとき「ラッセン」のロバート・フランシス中佐と、「台州」の艦長とが無線で会話した記録を入手した。

中国「ここは中国の領海だが、何をやっているのか？」
米国「まもなくハロウィンだろう。ピザとナゲットを作っているのさ」
中国「ハロウィンの習慣については知っているよ。アメリカを訪問したことがあるから」
米国「わが国に寄港したことがあるのか？」
中国「ただの観光旅行だよ。家族といっしょに行った」
米国「また、ぜひ来てほしい」
中国「そうだな、また会う日まで！」

ベトナムを電撃訪問

11月に入ると習近平主席は、世界をアッと驚かす二つの「微笑外交」に出た。

一つ目は5日、南シナ海の領有権を巡って激しく対立しているベトナムを、電撃訪問したのである。

同日午前10時35分、習近平夫妻を乗せた主席専用機が、ハノイのノイバイ国際空港に到着。首都で激しい反中デモが吹き荒れる中、直ちに、グエン・フー・チョン書記長との中越首脳会談を行った。

習近平主席は、「毛沢東主席とホーチミン主席の同志的時代に立ち返ろう」と説いた。その上で、政治リーダー同士の交流の活発化、共産党同士の交流の活発化、発展的な戦略に基づいた両国関係の樹立、軍交流の活発化、互いの国民感情をよくするための施策、海上における提携強化、国際会議などでの協調という7点を提案したのだった。グエン・フー・チョン書記長は満足げに肯いた。

翌6日午前中、習近平主席は、尊敬する毛沢東主席の「同志」だったホーチミン主席の陵に、特大の黄色い花輪を献じた。その後、訪問のハイライトであるベトナム国会での演説に臨んだ。題目は、「共同で中越友好の新たな一ページを刻もう」。

「70年前に、この近くのバーディン広場で、ホーチミン主席がベトナム民主共和国の建国を宣言した。そこからベトナムは社会主義の道を歩み、１９８０年代にはドイモイ政策を取り入れ、改革開放の発展の道を歩んだ。中越両国の過程は同じであり、２０１４年には両国を３００万人が往来。中国では1万４０００人ものベトナム人留学生が学んでいる。

今年はホーチミン主席生誕１２５周年、南ベトナムが解放されて40周年、そして中越が国交を結んで65周年だ。ホーチミン主席は1942年から43年にかけて、中国で革命活動を行っていた。その頃、『高い山の頂上に登った時、そこには万里を見下ろす絶景が広がっている』という詩句を残した。中越両国も同様に、高い頂上を目指そうではないか」

習近平主席は、南シナ海には争議が起こっていないことを、アメリカに見せつけたかった。一方のグエン・フー・チョン書記長は、来る1月の第12回ベトナム共産党大会で、政敵である親米親日派のグエン・タン・ズン首相一派を駆逐し、権力を維持するため、中国にすがった。ともに社会主義国に君臨する両首脳は、「大人の判断」を見せたのだった。

歴史的な中台会談

ハノイを発つと、習近平主席は北方の北京へ戻らず、南方のシンガポールに向かった。そこで、さらに世界を驚愕させるイベント、台湾の馬英九《ばえいきゅう》総統との歴史的な中台トップ会談を実現させたのである。

1945年の日本の敗戦後、中国大陸では国民党軍と共産党軍が内戦となり、1949年に国民党側が台湾に敗走。共産党主導で中華人民共和国を建国した。以来、66年にして初めて、現役の共産党トップと国民党トップが会談を果たしたのだった。

午後3時ピッタリに、600人もの記者団が待ち受けるシャングリラ・ホテルの会議場に、共産党の「党色」紅のネクタイを締めた習近平主席が向かって右側から、国民党の

「党色」青のネクタイを締めた馬英九総統が左側から現れ、二人は中央で握手を交わした。習近平主席は、中華の伝統で自分が「主人」で馬総統が「客人」であることを示すため、向かって右側に立ち、右手だけを伸ばした。それに対して、形式的なことにさほどこだわらない馬英九総統は、両手を出してがっちりと握手を交わした。二人はそのまま、右を向き、中央を向き、最後は左を向いてカメラにポーズを取った。二人の高揚感もひとしおだったと見えて、握手は1分10秒間も続いた。その後二人は、約50秒間にわたって右手を振り、ようやく隣室の会談場へと向かったのだった。

首脳会談を前に握手を交わす中国の習近平主席（右）と台湾の馬英九総統。中華の伝統では向かって右側が「主人」で左側が「客人」を意味する（共同）

私は総統就任前の馬英九台北市長に2度、お目にかかったことがあり、そのとき、「総統に就任したら、（当時の）胡錦濤主席と会う気がありますか？」と聞いた。すると馬英九市長は、こう即答した。

「もちろんだ。私が総統になったら、いつでも北京へ行く用意がある。ただし唯一の条件は、私を『中華民国総統』と呼んでくれることだ」

この「呼称問題」は、実はものすごく高いハードルで、中国側は一貫して、「中国国家主席と中国台湾省トップとの会談」に固執した。そのため、2008年に馬英九が総統に就任して以降、中台トップ会談は実現しなかった。中国の外交関係者が解説する。

「習近平主席は、台湾海峡を挟んで台湾と対峙する福建省に17年も勤務した経験があり、台湾統一に道筋をつけて歴史に名を残したいという野望がある。そこにアメリカを見返してやりたいという気持ちが加わって、台湾を取り込もうとトップ会談を打診したのだ。

一方、2016年5月に退任する馬英九総統も、歴史に名を残したい気持ちと、1月の総統選挙と立法院選挙で国民党を挽回させたい思いから、この話に乗ってきて、マニラAPECの場で会いたいと言う。われわれは、国家でない台湾の総統がAPECに出席することには反対なので、『シャングリラ対話』(毎年初夏に中国批判が展開されるアジア安全保障会議)で悪名高いシンガポールのシャングリラホテルを、あえて指名したのだ」

台湾のダブル選挙は、2ヵ月後に迫っていて、中国と距離を置く蔡英文《さいえいぶん》民進党の圧勝が予想されていた。そこで、そもそも「兄弟党」である国民党と共産党が、長年の「兄弟ゲンカ」を抑えて、肩を寄せ合ったのである。

燻《くすぶ》っていた「呼称問題」に関しては、互いの呼称を取っ払い、「先生」(日本語の「さん」の意)と呼び合うことで解決した。ただし中国側は、前述のように面会時に習近平主席が向かって右手に立つことと、会談で習近平主席が先に発言することを求めた。そのほかは会談と、それに続く晩餐会の費用を折半するなど、「中台平等」を示したのだった。

中台メディア報道の温度差

テーブルを挟んで馬英九総統と対面した習近平主席は、テレビカメラのライトを浴びる中、いつものゆったりした野太い標準中国語で述べた。

「尊敬的馬英九先生、各位朋友、大家下午好！（尊敬する馬英九さん、各位友人、皆さんこんにちは）。

今日は特別な日だ。歴史の一ページを切り拓いたのだ。前世紀80年代に、両岸の封鎖された大門が開かれた。（国民党が復権した）２００８年以降、両岸関係は平和発展の道を進んだ。大事なことは、『92コンセンサス』（１９９２年に中台双方が『一つの中国』の原則のもとで対話すると口頭で決めた合意）をベースにして、『台湾独立』に共同で反対していくことだ。

われわれは心を一つにして、５０００年の文明を持つ中華民族の偉大なる復興を実現するのだ。１２０年前、台湾は無惨にも外国民族（日本）に占領され、それは全民族の強い心痛となった。１９４５年に抗戦に勝利し、台湾に光復が訪れ、半世紀の民族の恥辱がそそがれた。今年は民族抗戦勝利70周年であり、両岸はともに抗戦の精神を昂揚させ、民族の尊厳と栄誉を堅守しようではないか」

中国中央テレビの夜のメインニュース『新聞聯播《シンウエンリエンボー》』は、なぜかここで打ち切りとなった。全体的に、「中国が台湾を呑み込んだ」という印象を与える報道ぶりだ。「ついに習近平主席の説教を馬英九総統が頭《こうべ》を垂れて聞いた」という調子で、アナウンサーは語った。

だが、台湾のテレビに目を転じると、馬英九総統はこの長い「習近平演説」を、時折眉間に皺を寄せながら、押し黙って聞いていた。そしてようやく終わって自分の順番になると、5分間のスピーチを行った。

「習先生、大陸と台湾の代表団の各位女士、先生、来場のメディアの友人たち、皆さんこんにちは。今日、私と習先生は、それぞれ台湾と大陸の指導者という身分で、66年の時を越えて握手した。これは両岸の過去と未来、中華民族の振興と希望の歴史的握手だ。

この7年数ヵ月で、両岸は23の協議にサインし、4万人以上の学生交流を実現し、毎年800万人の旅行客と1700億ドル以上の貿易という空前の成果を成し遂げた。これらの巨大な変化のもとになったのは、『平和』だ。現在の両岸関係は1949年降、最も平和で安定した時期を迎えている。中華民族のさらに平和で燦爛《さんらん》たる未来を切り開こう」

歴史的会談の後、記者会見は馬英九総統単独となった。台湾の民主主義の発展を標榜する馬総統は、15に上る記者たちからの質問に、一つひとつていねいに応対した。

記者「習先生に、台湾に向けたミサイルを撤去せよとは言わなかったのか?」

馬総統「今回は全体的なことを話す場だった。だがもちろん言及したよ」

記者「『92コンセンサス』を、なぜ最新の『15コンセンサス』にバージョンアップさせせなかったのか？」

馬総統「ワインでもあるまいし、毎年変えるなんて。いまのもので十分だろう」

記者「習先生と握手したとき、背広のボタンを留めていなかったのは意味があったのか？」

馬総統「握手しやすいようにしただけで、特に意味はないよ。互いに力を込めて握った」

馬英九総統との晩餐会を約束している習近平主席は、ホテルの「総統房《プレジデンシャルルーム》」で、長々と続く馬総統の記者会見が終わるのを待っていた。記者会見を通して国民に伝えることとは、習近平主席がこの重要会議を開いた本意ではなかったのである。ベトナムといい台湾といい、習近平主席としては、アメリカにしてやったりの気持ちだったろう。

パリ同時多発テロとダブル・サミット

11月13日金曜日の夜9時ごろ、パリで同時多発テロが勃発し、死者130人、負傷者300人超という大惨事になった。

中国政府が「双峰《シュアンフェン》」（ダブル・サミット）と呼んだ6日間に及ぶ「習近平外交」は当初、かなり頭の痛い旅になることが見込まれていた。前半のトルコG20（主要国・地域サミット）では、中国経済の失速と、それが世界経済にもたらす影響について各国から糾弾の嵐となることが予測された。続いて休む間もなくフィリピンへ飛ぶが、今度はAPEC（アジア太平洋経済協力会議）で、南シナ海の埋め立て問題を巡って、日米やASEAN諸国から集中砲火を浴びることが予想された。

そもそも習近平主席は、G20とAPECを、まもなく発足するAIIBと「一帯一路」の推進、および11月末のIMF理事会で正式決定する人民元のSDR（特別引き出し権）取得による人民元貿易の促進を、世界にアピールする場にしようとしていた。ところが国際社会は、中国に対して疑心暗鬼になっていた。中国経済はまもなく底が抜けて、世界的金融危機の引き金になるのではないか、中国は南シナ海を軍事要塞化して、「海賊国家」と化すのではないか……。

そんなときに、パリで悲惨なテロ事件が発生した。そのため、世界はテロ問題一色となり、習近平主席の憂鬱《ゆううつ》のかなりの部分を雲散霧消させてくれたのだった。

G20のホスト役は、2003年から12年間もトルコで権力を掌握し続けているエルドアン大統領だった。安倍首相は当初、エルドアン大統領を「海外の3友人」（他の二人はオーストラリアのアボット首相とモンゴルのエルベグドルジ大統領）と呼び、2013年には、原発と地下鉄輸出関連などで、2度もトルコを訪問したほどだった。

ところがエルドアン大統領は、トルコ国内で独裁的になっていき、民主運動やマスコミへの弾圧を強めていった。それに伴って、習近平主席の方が「新たな友人」となった。この時のG20では、中国との「一帯一路建設覚書」に調印し、会議では自分の右隣を習近平主席の専用席とした。そして誰かが中国経済失速について追及すると、議長として習主席をかばった。Ｇ20の終了時にも、わざわざ習近平主席に発言の機会を与えた。

「来年のＧ20は9月4日、5日に、浙江省杭州市で開催する。中国の俗語では、『上に天堂有《あ》れば下に蘇州と杭州有り』という。その風光明媚な雰囲気の中で、われわれが世界経済を主導していこうではないか。杭州で皆さんをお待ちしている」

マレーシア取り込みの大型買収

習近平主席は11月17日正午近くに、マニラのニノイ・アキノ国際空港に降り立った。地中海から西太平洋へ、約11時間半の旅だった。

マニラには54時間の滞在で、2つの講演、4つの首脳会談、10のイベントをこなした。後半は少しバテぎみだったが、焦点の南シナ海問題を抱えていたため、気が抜けなかった。

習近平主席にとって、これまでＡＰＥＣとの相性は決して悪くなかった。2年前のインドネシア会議では、その時期にＡＩＩＢと「一帯一路」をブチ上げた。前年11月は故郷の北京開催で、20ヵ国・地域の首脳たちに、「アジアの皇帝」を印象づけた。

華々しく「攻勢」を仕掛けた過去2回と較べて、マニラでは「守勢」に回る「我慢のＡＰＥＣ」となった。日米+ＡＳＥＡＮから、南シナ海の埋め立てへの追求が予想されたからだ。そのため中国は、「ＡＰＥＣはあくまでもアジア太平洋地域の経済貿易を議論する場だ」として、この問題に議題が及ぶこと自体を回避させる戦術に出た。

習近平主席は一連の日程を、17日午後に、マレーシアのナジブ首相と首脳会談を行うことから開始した。マレーシアは２０１５年のＡＳＥＡＮ議長国であり、22日にクアラルンプールで開かれる東アジアサミットの議長国でもあった。

中国による南シナ海の埋め立て問題を巡って、ＡＳＥＡＮ10ヵ国は3つに割れていた。反中国、親中国、そして中間国である。反中国はフィリピンとベトナムの2ヵ国（ベトナムはＡＰＥＣ直前に手なずけた）、親中国はラオス、カンボジア、ミャンマーの3ヵ国、そして中間国がマレーシア、タイ、インドネシア、シンガポール、ブルネイの5ヵ国だ。

マレーシアは、南シナ海の領有権を巡って中国と争議がある一方で、２０１４年まで7年連続で、ＡＳＥＡＮ最大の中国の貿易相手国であり、２０１４年の貿易額は１０２０億ドルに達していた。政治的にも経済的にもマレーシアを取り込んでおくことは重要だった。

中国はこのとき、「奥の手」を用意していた。それは、ナジブ首相の「政治資金源」といわれるマレーシア国営投資会社ワン・マレーシア・デベロップメント（１ＭＤＢ）傘下のエドラ・グローバル・エナジー（ＥＧＥＢ）の事業を、中国最大の国有原発会社、中国広核集団（中広核）に買収させることだった。

中広核は23日夜、ホームページ上で速報を流した。

〈当社は本日、ＥＧＥＢが進める13項目の事業会社を買収することに成功した。ＥＧＥＢ

は662万kWの容量を運用しており、マレーシア、エジプト、バングラデシュ、UAE、パキスタンという「一帯一路」の5ヵ国に分布している。今回の買収は「一帯一路」戦略に、大いに寄与するものだ〉

この大型買収劇は穿《うが》った見方をすれば、習近平主席がナジブ首相に対して、「あなたの政治資金は中国共産党がめんどうを見よう」と迫ったようなものだった。これぞ究極の「札束外交」である。習近平政権が提唱する「一帯一路」というのは、一皮剝けば、習近平主席を「アジアの皇帝」に仕立て上げるための道具ともいえた。

雨傘革命と台湾総統選挙

習近平主席は続いて翌18日、ニュージーランドのキー首相、コロンビアのサントス大統領との短時間の心地よい首脳会談を行い、その後、二人の重要人物と面会した。一人目は、香港特別行政区の梁振英《りょうしんえい》行政長官である。22日に投開票が行われる香港特別行政区区議会議員（地方議会）選挙の見通しについて、質したのだ。

前述のように、前年11月の北京APEC直前に、香港で「雨傘革命」が起こった。これは、2017年に行われる次期香港行政長官選挙の直接民主選挙を求めた学生たちの示威運動だった。香港当局はどうにか「雨傘革命」を力で抑え込んだが、いまだに香港では、習近平ファミリーや中南海の暴露本が店頭に並んでおり、習主席は怒り心頭だった。

「『雨傘革命』はすでに、雲散霧消しております。11月22日の区議会議員選挙には、『傘兵《サンビン》』と呼ばれる1年前の主役たちが大量に立候補しましたが、当選したのはわずか8人。建制派（親中国派）が298議席（13議席減）、民主派が106議席（14議席増）と、引き続き現勢力が大勢を維持しております……」

香港では10月から12月にかけて、中国での「禁書」を取り扱う書店関係者5人が、中国当局に拘束されていった。その後、書店主は解放されたが、書店は閉鎖となった。

梁振英行政長官は、19日夕刻に、習近平主席がニノイ・アキノ国際空港から帰途についたときも、わざわざ空港まで見送りに行き、平身低頭で別れの挨拶を述べたのだった。

習近平主席が面会したもう一人の重要人物は、台湾から参加した蕭万長《しょうばんちょう》両岸共同市場基金会名誉会長（元副総統）だった。7日にシンガポールで行ったばかりの「習馬会《シーマーフィ》」（習近平主席と馬英九総統の歴史的会談）の成功を再確認するとともに、来る1月16日の台湾総統&立法院（国会）のダブル選挙と、その後の中台関係について意見を交わした。

この2ヵ月後、台湾総統選挙で中国と距離を置く民進党の蔡英文《さいえいぶん》主席が689万票を得て圧勝し、立法院選挙でも民進党は単独過半数を超える68議席を獲得することになる。「中国と距離を置く」蔡英文政権は、2016年5月20日に始動した。

ちなみに、APECで安倍晋三首相と習近平主席との会談は行われなかった。川村泰久外務報道官は、記者団にこう説明した。

「今回、安倍総理は習近平主席と話していない。両者が座った席は近くなかったからだ。両首脳は、すでにトルコG20で挨拶を交わしているので、問題はない」

APECで習近平主席は2回、それぞれかなり長い演説を行った。「中国は南シナ海に軍事要塞を築くような悪の帝国ではなく、アジア太平洋の国々に愛の手を差し伸べる善隣友好の国だ」と、延々釈明したのだった。

習近平主席のいつ終わるとも知れない演説中、会場では居眠りしている人が目立った。それでも中国メディアは、『中国の動力』と『中国の暖流』をアジア太平洋地域に吹き込んだ名演説」と絶賛したのだった。

勝手に岩礁を埋め立てておいて「暖流」と言い切るのが、「中国の論理」というものだ。かつて毛沢東主席は、「軍とメディアは党を支える二刀の剣」と述べたが、毛主席をこよなく尊敬する習近平主席は、この点でも『毛沢東語録』を踏襲していた。

オバマ政権の無作為の罪

このように習近平主席は、焦点の南シナ海の埋め立て問題に関して、日本やアメリカ、それにASEANからの攻撃を、何とかかわそうと必死になった。「APECは地域の経済協力について話す場であって、安保問題を話す場ではない」という正論を押し通す一方で、「域外の国が緊張を作り出している」として、アメリカを牽制したのだった。

実際、中国が恐いのはアメリカだけだったが、オバマ政権が腰砕けなので、だいぶ助けられていた。ＡＰＥＣに同行した日本の外交関係者は、こう嘆いた。

「われわれがオバマ大統領に付けたニックネームは、『アメリカの菅直人』。市民運動の弁護活動は得意かもしれないが、外交や防衛はからっきしダメだからだ。

もしも、前任のブッシュ・ジュニア政権だったなら、中国の『蛮行』は、ただでは済まなかったに違いない。２０１４年の時点で南シナ海にイージス艦を派遣し、埋め立て地など造らせなかっただろう。南シナ海問題はまさに、アメリカの『無作為の罪』が生んだ代物だ」

結局、中国はＡＰＥＣの首脳宣言に、南シナ海問題を入れないことに成功した。代わりに、「あらゆるテロ行為を非難する」として、パリで起こった同時多発テロに対する非難が入った。中国外交は、強運も加わって、みごと勝利を収めたのである。

この日の晩、ＡＰＥＣの議長役を務めたアキノ大統領は、わざわざ安倍首相を自宅まで呼んでもてなし、「続く東アジアサミットでは、必ず中国を打ちのめしてほしい」と、深夜まで切々と訴えたのだった。

汚れ役を押しつけられた李克強

ところで、このときの中国の南シナ海問題への対処に関して、もう一つ興味深かったことがあった。それは習近平主席が、やっかいなこの問題を、ＡＰＥＣの後に控えたマレーシア東アジアサミットに参加する李克強首相に、半ば「押しつけた」ことだった。

もし李克強首相がうまく立ち回ったならば、それは中国外交の勝利なのだから、自分の手柄にしてしまえばよい。逆に李克強首相が何かミスを犯したならば、「マイナス点」を与え、２０１７年秋の第19回共産党大会でお役御免にしてしまう口実にしようというわけだ。もともと二人は最大のライバルであり、就任から2年半を経ても、互いの関係はギクシャクしていた。習主席が李首相に重要な仕事を与えないため、李首相は「李省長」、果ては「李県長」（県は省の下の行政単位）というニックネームをちょうだいしていた。

その意味で、久々に重要な役回りを授けられた李克強首相だった。このとき帯同したのは、王毅外相と周小川《しゅうしょうせん》中国人民銀行総裁、それに程虹《ていこう》夫人だった。首都経済貿易大学英文科教授の程虹夫人は、習近平夫人の国民的歌手・彭麗媛とは対照的で、地味な出で立ちだが、細身のため、チャイナドレス姿は意外に見栄えがする。何より通訳が必要ないため、夫人外交でも着実に実績を上げた。

東アジアサミットは、２００５年にマレーシアで、16ヵ国が参加して始まった会議である。ＡＳＥＡＮ10ヵ国を中核として、日本、中国、韓国、それにインド、オーストラリア、ニュージーランドである。２０１１年からはアメリカとロシアも加わり、18ヵ国体制となった。日本はＡＰＥＣから引き続き、安倍首相が参加したが、中国は習近平主席から李克強首相に、ロシアもプーチン大統領からメドベージェフ首相にバトンタッチした。主要テーマは、まさに中国の南シナ海埋め立て問題に、どう対処するかということだった。

この東アジアサミットに先がけて21日午後に、ＡＳＥＡＮ＋１が開かれた。日本、中国、韓国がそれぞれ個別に、ＡＳＥＡＮ10ヵ国と向かい合う会議だ。

中国は20世紀後半、１９５５年のＡＡＣ（バンドン会議）、１９６０年代から70年代にかけてのベトナム戦争をはじめとして、「裏庭」ともいえるＡＳＥＡＮの問題に、深く関わってきた。そして冷戦が終結した１９９１年にＡＳＥＡＮの非公式パートナーとなり、胡錦濤政権が始動した２００３年には、ＡＳＥＡＮと正式に戦略的パートナーシップ関係を結んだ。２０１０年からは、ＡＳＥＡＮとの自由貿易協定を発効させた。

２０１３年に発足した習近平政権は、ＡＳＥＡＮに「運命共同体になろう」と呼びかけ、さらに接近していった。２０１５年10月には、北京で初めて中国・ＡＳＥＡＮ国防大臣会議を開くまでになったのである。

中国がこれほどＡＳＥＡＮにコミットするのは、主に経済的および軍事的理由からである。中国とＡＳＥＡＮの２０１５年の貿易額は2兆９３００億元に達し、これは２０１５年の日中貿易額32兆６４９５億円をもはるかに凌いでいる。双方の累計投資額は計１５００億ドルを超え、留学生は合わせて18万人を超える。観光客の合計は２０１５年、２０００万人を突破した。

特にこのときは、12月31日に、ASEAN経済共同体（AEC）の発足を控えていた。これは「アジアのEU」を目指す第一歩で、成長著しい6億2000万人の統一市場の誕生だった。中国にとっては（もちろん日本にとっても）、ビッグチャンス到来である。

李克強首相は、中国ASEAN首脳会議で、約30分に及ぶ長い演説をぶった。その骨子は、3点に収斂された。第1に、南シナ海の領有権問題は、日米を排除して、紛争の当事国だけで解決すべきである。第2に、ASEAN経済共同体の最大のパートナーは、アメリカでも日本でもなく中国である。そして第3に、21世紀のASEANを発展させるのは、TPPではなくて、アメリカが入らないRCEP（東アジア地域包括的経済連携）だということだ。

つまり、ASEANは「アメリカのもの」ではなくて「中国のもの」だと主張したのである。これはアジアの秩序を、欧米列強がアジアに進出してくる以前の状態に戻そうという試みにほかならなかった。

こうした中国の野望を鑑みれば、南シナ海の埋め立て問題は、単なる岩礁の領有権問題にとどまらず、21世紀の東アジアを、引き続きアメリカが制するのか、それとも中国が奪還するのかという、米中の覇権争いにおける「亀裂の断面」といえた。

李克強の熱弁

李克強首相は、続いて開かれたASEAN＋3（日中韓）でも、再び同様の趣旨の長い演説を行った。これには安倍首相が、真っ向から異を唱えた。

「南シナ海で、大規模かつ急速な埋め立てや拠点の構築、軍事目的の利用など、現状を変更し、緊張を高める一方的行為がいまなお継続している。このような状況に対して深刻な懸念を表明したい。開かれた自由で平和な海を守るため、国際社会が連携していくことが重要だ。また海における法の支配の3原則、すなわち国家は国際法に基づいた主張をし、主張を通すために力や威力を用いず、紛争解決は平和的に収拾することを徹底すべきだ」

ヘッドホンをつけた李克強首相の顔が、みるみるこわばっていった。

翌22日には、東アジアサミットが開かれた。その最大の注目点は、南シナ海を巡る李克強首相とオバマ大統領の「対決」だった。

李克強首相は、オバマ大統領や安倍首相を前に、三たび、30分に及ぶ演説をぶった。

「1100年来、南シナ海の沿岸には各民族が共存してきた。ところが数十年前からいささかの問題が起こり、中国とASEANは対話を続けてきた。いかなる外部勢力も介入しない状況下で、南シナ海の平和と安定は保たれてきた。中国とASEANは2002年に『南シナ海行動宣言』に署名し、中国は忠実にこの宣言を履行してきた。

この2年間、中国は明確に、南シナ海問題を処理するための『二つの路線』を提起してきた。すなわち、争議は直接の主権国家同士が交渉と協商によって解決することと、南シナ海の平和と安定は中国とASEANが共同で維持し保護することだ。これらは多くのASEAN加盟国から支持され、国際法と国際慣習にも完全に符合するものだ。

中国は一貫して、南シナ海の自由な航行と飛行を維持し保護する立場を堅持してきた。なぜなら、いったん情勢が緊迫すれば、損害を被《こうむ》るのは中国を含めた地域の国々だからだ。現在、毎年十数万隻の商船が安全に、南シナ海を通行している。南シナ海の航行と飛行の自由には、何の問題も起こっていない。

中国は現在、南沙諸島に関係施設を建設中だが、これは主に民事利用のためであり、中国がより国際的責任と義務を履行するための手助けとなるものだ。また各国の船舶に、より多くの公共サービスを提供し、海上の災害に対処するのにも役立つ。

こうした建設は、いかなる国家をも敵対の対象としておらず、いかなる国家にも影響を与えず、また軍事化を狙う意図もない。域外の国（アメリカ）は、この地域の国々が南シナ海を平和で安定した海にする努力を認め、承諾すべきだ」

すっかり習近平主席の陰に回った李克強首相の、一世一代の熱弁だった。

結局腰砕けのオバマ

これに対してオバマ大統領は、いちおうは、「アメリカは今後とも南シナ海の航行と飛行の自由を示す行動を起こしていく」と、勇ましいことを述べた。

だが、東アジアサミットの直後にオバマ大統領が行った記者会見では、南シナ海について論じたのは、わずか30秒ほどにすぎなかった。

「カギとなるトピックは、南シナ海だ。多くのリーダーが、国際的な原則を再構築する必要性について言及した。それは、航行と飛行の自由、そして争議の平和的な解決を含むものだ。私は、アメリカが東南アジアと今後とも深いパートナーであることを示すために、ＡＳＥＡＮ10ヵ国のリーダーをまとめて、来年アメリカに招待することにした」

米国務省のＨＰ《ホームページ》にある「アメリカ－ＡＳＥＡＮ関係のファクトシート」を確認しても、中国の南シナ海の埋め立て問題に関する記述すらなかった。

オバマ政権は完全に「腰砕け」だった。「ＡＳＥＡＮのリーダーたちを来年アメリカに招待する」というのは、単に翌月に6億２０００万人のＡＳＥＡＮ統一市場（ＡＥＣ）が誕生するため、貿易拡大の主導権を握りたいということだった。

そもそもＡＳＥＡＮという機構は、アメリカが「共産ドミノ」（社会主義圏の南下）を食い止めるため、１９６７年に東南アジアの反共5ヵ国を結束させて作ったものだ。それがいまや、ここまで身を引き始めているのである。

結局、東アジアサミットの議長声明には、次のような中国の主張が堂々と明記された。

〈「シルクロード経済ベルト」および「21世紀海上シルクロード」計画に留意し、

ＡＩＩＢの早期設立および「質の高いインフラパートナーシップ」に期待する〉
〈習近平主席が最近のアメリカ訪問中に表明した、中国は南シナ海において軍事化を追求する意図はないという中国からの保証を歓迎する〉
〈関係当事国が１９８２年の国際海洋法条約を含む国際法に則って、立場の違いおよび紛争を、平和的手段によって解決するというＡＳＥＡＮ加盟国と中国のコミットメントを強調する〉

これに対して、中国が望まない主張が明記されたのは、次の一文のみだった。
〈当事者間の信頼と信用を傷つけ、地域の平和と安全を損ないうる、地域における最近および現在進行中の動向に対して、複数の首脳により表明された深刻な懸念に留意する〉
「中国」「南シナ海」「埋め立て」といった単語は一切入らず、「動向」に対して「留意する」のみだった。中国外交はアメリカに雪辱を果たしたのである。そして李克強首相は、ホッと胸を撫で下ろして帰国の途についたのだった。

ちなみに李克強首相は、東アジアサミットの会場で、唐突に日本語通訳（孔鉉佑《こうげんゆう》外交部アジア局長）を伴って安倍首相に近づき、約15分間もにこやかに立ち話した。あげく、安倍首相の手を引いてテレビカメラの前に現れ、日中友好ムードをアピールした。すべては、北京の習近平主席に見せつけるパフォーマンスだった。

終章

米中対決
（2016年）

2014年米大統領選の民主党の最有力候補、ヒラリー・クリントン前国務長官（Newscom／共同）

悲願のSDR獲得に成功

2016年の正月を、習近平主席は、久々に清々しい気分で過ごしていた。前年は、3年間に及んだ権力闘争の末に、最大の政敵だった江沢民派をほぼ駆逐し、「中国の皇帝」としての地位を確立した。外遊にも8回、計42日間で10ヵ国を訪問し、9回の国際会議に出席。「アジアの皇帝」としての地歩も着実に固めつつあった。

2015年の年末には、胡錦濤時代からの悲願だった人民元国際化のための最大の目標——IMF（国際通貨基金）でSDR（特別引き出し権）を得ることにも成功していた。11月30日、IMFは理事会を開いて、準備資産であるSDRの構成通貨を15年ぶりに改定し、2016年10月1日より、中国人民元を加えることを決定した。これで人民元は、米ドル、ユーロ、日本円、英ポンドに続いて、5番目の国際通貨となったのだ。

「今回の決定は、中国経済をグローバルな金融システムに統合するための重要な一里塚だ。この決定はまた、中国政府がこれまで進めてきた人民元と金融システム改革を、われわれが評価したということだ」

親中派として知られるラガルド専務理事は、中国にエールを送った。同日にIMFが発表した2016年10月から5年間のSDRの構成比率は、日本に衝撃を与えるものだった。米ドル41・73%、ユーロ30・93%、人民元10・92%、日本円8・33%、英ポンド8・09%。つまり人民元は、SDR入りしただけでなく、日本円を抜いて、一気に将来の「アジア共通通貨」の最右翼に躍り出たのである。10月1日は中国の国慶節（建国記念日）であり、習近平政権が国威発揚するのにベストのタイミングと言えた。

中国メディアは「入籠《ルーロン》」（通貨バスケット入り）と大々的に伝えた。「入籠」によって人民元が世界中に流通し、各国の外貨準備に使われ、中国経済発展のエンジンになり、おまけに中国人の海外旅行も楽になると吹聴したのだった。

2010年のIMF理事会で、中国の議決権を6位（3・65%）から、日本（6・46%）に次ぐ3位（6・07%）に引き上げた。この決定はその後、アメリカ議会が批准を拒否し、5年間も据え置かれたが、2015年12月18日に、ようやくアメリカの批准を得た。

中国の外交関係者は、「あくまでも個人的見解」と断ったうえで、こう述べた。

「経済問題に疎い習近平主席にとって、人民元の国際化とは、すなわち将来、自分の顔を刷った紙幣が、世界中に流通することと思っているのではないか。いまの人民元の紙幣は、緑色の1元札から赤色の100元札まで、すべて毛沢東元主席の顔が描かれている。習近平主席は、まずは誰よりも尊敬する毛主席の顔を世界にばらまき、ゆくゆくは自分の顔を世界に流布したいのだ」

習近平を逆なでする「三胖」

習近平主席は2016年の公務を、1月4日から6日まで重慶《じゅうけい》を訪問することから開始した。人口3000万人と中国最大の中央直轄都市・重慶は、中国経済が失速していく中で、2015年のGDPの伸びが11％と、全国31地区でトップの「模範都市」だった。

習近平主席は、自分よりちょうど10歳若い重慶市党委書記（市トップ）の孫政才《そんせいさい》を、後継者として育てようと考えていた。そこで孫政才党委書記の「人品」を見定めることを、重慶視察の密かな目的にした。そのことを重々承知している孫書記は、習近平主席にあらん限りの忠誠を尽くしたため、習主席はご満悦だった。

そんな重慶視察から北京へ戻ろうとしていた6日午前11時前、同行中の栗戦書党中央弁公庁主任から、「北朝鮮発の緊急事態」の報告を受けた。習近平主席は思わず呟《つぶや》いた。

「三胖《サンパン》めが……」

「三胖」とは、「三代目のデブ」という意味で、中国共産党・政府幹部たちの間で、金正恩第一書記を指す隠語になっている。以前は、「金三胖《ジンサンパン》」（金ファミリーの三代目のデブ）だったが、2015年ごろから、頭の1文字が抜け落ちた。

習近平主席の晴れがましい気持ちに水を差したのは、北朝鮮の水素爆弾実験だった。

習近平が中国共産党総書記に就任したのが2012年11月、金正恩が朝鮮労働党第一書記に就任したのが同年4月なので、二人はほぼ同時期にトップに就いた。だが前述のように、この二人の関係は最初からしっくりいかなかった。習主席が金第一書記に対して激怒したのは、このときですでに5回目だった。

1度目の怒りは、北朝鮮が2012年12月にミサイル実験を、翌2013年2月に核実験を強行したときだった。このときは紆余《うよ》曲折を経て、北朝鮮が同年5月に崔竜海《チェリョンヘ》軍総政治局長（当時）を訪中させ、恭順の意を示したことで収まった。

2度目は、2013年12月に、金正恩第一書記が、中朝間の架け橋だった「親中派筆頭」の叔父（金正恩の父・金正日の妹の夫）、張成沢《チャンソンテク》党行政部長を電撃的に処刑したときだ。このとき習近平主席は、金正恩第一書記に対しても激怒したが、中国政府の情報収集能力の不足に対しても不満を撒き散らした。

3度目は、2015年9月3日に行った抗日戦争勝利70周年軍事パレードに、金正恩第一書記が参加しなかったときである。そして4度目が、2015年12月に起こった牡丹峰《モランボン》楽団の北京公演ドタキャン帰国事件である。

美女軍団謎の帰国の真相

帰国事件の顚末《てんまつ》は、以下のとおりだった。中国は周辺諸国に対する「微笑外交」の一環として、10月10日に平壌で行われた朝鮮労働党創建70周年軍事パレードに、劉雲山《りゅううんざん》党中央政治局常務委員（共産党序列5位）を派遣した。そのとき金正恩第一書記は、劉雲山書記との会談の席で、「私の楽団（牡丹峰楽団）を近く北京に派遣したい」と伝えた。

当時、中国側は、この金第一書記の申し出を、単に北朝鮮が中国との関係改善を望んでいる証しと受け取った。それで劉雲山書記の帰国後、平壌の中国大使館勤務の党中央対外連絡部（中連部）の若い外交官が、公演内容のＤＶＤを確認した。ところがその外交官は、ＤＶＤを最後までチェックすることなく、「問題なし」とゴーサインを出してしまった。

12月10日、北京駅に「美女軍団」が到着した。彼女たちは、宿泊先の民族飯店で旅装を解くと、すぐに公演会場のビッグエッグ（国家大劇院）に行って、翌々日のリハーサルを開始した。このリハーサルを、中国側の中連部、外交部、文化部の担当者が揃って観た。

そのとき外交部の担当者が、公演の中で核実験の成功を称える映像を約15秒間、バックに使っているのを見咎《みとが》めた。「中国は朝鮮半島の非核化を唱えていて、それを目指す6ヵ国協議の議長国であり、かつ核実験を強行した朝鮮に対する国連の経済制裁にも加わっている」。そう主張して、その映像をカットするよう北朝鮮側に求めたのだった。

これに対し、楽団の引率責任者である朝鮮労働党宣伝煽動部の崔輝《チェフィ》第一副部長は、「この公演内容は金正恩第一書記が直接指導して決めたものであり、かつ中国側の承認も得ている」として突っぱねた。確かに中国は一度、承認しているので分が悪かった。

そこで中国側は、「カットしないならば観劇するわが国の幹部を、副部長（副大臣）クラスに格下げする」と通告した。これに崔輝第一副部長が切れて、「本公演は金正恩第一書記の『名代』であり、習近平主席もしくは李克強首相の出席を求める」と主張した。

日をまたいで何度かやりとりしているうちに、北朝鮮側は、「習主席と李首相が観覧しないなら、党中央政治局常務委員（トップ7）の出席を求める」と譲歩した。中国側も「党中央政治局委員（トップ25）のメンバーを派遣する」と譲歩したが、再び平行線になった。

崔輝第一副部長とすれば、失すれば帰国後に粛清されるのは確実だったので、平壌の金正恩官邸にいちいち報告し、指示を仰いだ。金正恩第一書記は最後は、「公演するもしないも現場の判断に任せる」と告げた。そこで崔輝は中国側に、「いまから15分以内に党常務委員の出席を決めろ。さもなくば帰国する」と、中国側に最後通牒《つうちょう》を突きつけた。習近平主席とも話し合った王毅外相の指示は、「帰るなら勝手にどうぞ」だった。

北朝鮮へ帰国するため、北京首都国際空港に到着した牡丹峰楽団のメンバー（共同）

かくして牡丹峰楽団は、公演の初日を夜に控えた12日昼に、「名誉の撤退」となった。帰国を告げられたとき、美女軍団はビッグエッグで最後のリハーサル中だった。彼女たちは、中国が差し向けたバスへの乗車を拒否し、気温氷点下10度の中、民族飯店まで徒歩で「抗議のデモ行進」を行ったのだった。ただでさえ年末の渋滞を起こしている市中心部は、北朝鮮美女たちのデモ行進によって大渋滞となり、通行人は何事かと目を見張った。

美女軍団の幹部は、平壌が差し向けた高麗航空特別機に乗って、残りは北京駅から夜行列車で平壌に戻ったのだった。幹部たちが平壌へ戻ると、金正恩第一書記が李雪主《リソルジュ》夫人を伴って出迎え、「君たちは英雄だ」と述べて、その労をねぎらったという。

割れる金正恩の処遇

それから3日後の12月15日に、金正恩第一書記は水素爆弾実験を承認した。そして年が明けた1月3日に実験の実施を命令し、1月8日の33歳の誕生日の「祝砲」として、6日に実験を強行したのだった。

その際、何より恐いのは、中国からの援助が止まることだったため、牡丹峰楽団を派遣し、核実験の模様を中国幹部に見せて「承認」させ、お墨付きを得ようとしたのである。

北朝鮮は水爆実験の30分前に、中国に事前通告した。しかも、「この実験によって両国の関係は、いささかも変化なく取り行われる」という前口上までつけた。つまり、「事前通告したのだから、経済援助は減らさないように」というわけだ。

習近平主席は、ただちに外交部をはじめとする関係各部署や専門家たちに、対応策を検討させた。党中央弁公庁から上がってきた建議は、宥和策と強硬策が並記されていた。

宥和策は、主に「老一代《ラオイータイ》」（ベテラン組）からの意見で、俗に「北朝鮮屏風論《びょうぶ》」（北朝鮮はアメリカの盾になる屏風のようなもの）、もしくは「北朝鮮番犬論」（アメリカに吠えてくれる番犬のようなもの）と呼ばれる伝統的な対北朝鮮政策だった。金正恩第一書記がいくら核実験やミサイル実験を繰り返す暴君とはいえ、中国に敵対しているわけでもなければ、実際に韓国を攻撃したわけでもない。そして何より、北朝鮮国内を平穏に統治している。これは中東やアフリカと較べればマシな状態であり、中国は金正恩政権を刺激して、１３００kmもある国境地域を混乱させるべきではないという考えだ。

東北三省の経済悪化も、宥和策を後押しした。東北三省の２０１５年のＧＤＰ成長率は、全国31地区中、28位（吉林省）、29位（黒竜江省）、31位（遼寧省）と最悪だった。これからは重厚長大な国有企業を淘汰《とうた》していくため、この地域で数百万人規模の失業者が出ることが予測された。そんな中、北朝鮮に強硬な制裁を科して地域を混乱させては、失業者の暴動が起こったり北朝鮮の難民が出たりして、東北三省の混乱リスクが高まると説いた。

一方、「新一代《シンイータイ》」（若手）は、俗に「北朝鮮生贄論《いけにえ》」と呼ばれる対北朝鮮強硬論を主張した。いまや金正恩という暴君自体が地域最大の不安定要素であり、むしろアメリカと共同で強硬な制裁をかけて、危険な指導者を除去する方向に持っていくべきだという意見だ。

前年から南シナ海の埋め立てを巡って、アメリカとの関係が悪化している中、北朝鮮問題で「貸し」を作れば、たとえ中国が南シナ海に軍事要塞を築いたとしても、アメリカは咎めないだろうとの見立てだった。

この考えには、人民解放軍の瀋陽《しんよう》軍区（現在の東部戦区）が加わった。習近平主席は2015年9月に「30万人の裁軍」を宣言しており、43万人の瀋陽軍区は少なからぬ兵士が除隊となる見込みで、不満が燻《くすぶ》っていた。そこで瀋陽軍区としては、「北朝鮮の脅威」を強調して抵抗を見せようとした。常万全《じょうばんぜん》国防相は軍瀋陽派の重鎮だった。

その間にもアメリカは、国連安全保障理事会で決議する対北朝鮮制裁案を、中国に突きつけてきた。それはこれまで4回出された制裁決議のはるかに上を行く厳しい内容で、北朝鮮企業・個人の銀行口座凍結や、北朝鮮労働者の雇用禁止などが含まれていた。

習近平主席は逡巡《しゅんじゅん》した。だが結論は、「やはりアメリカは信用ならない」というものだった。「アメリカは『アジア版NATO』を構築し、中国包囲網を敷こうとしている」――人民解放軍から上がってきた報告が、頭を離れなかったのだ。

西沙諸島での「航行の自由作戦」

1月27日、ケリー国務長官が訪中し、北朝鮮問題などを巡って王毅外相と3時間半に及ぶ米中外相会談を行った。ようやく両外相が揃って会見場に姿を見せると、王毅外相は作り笑いを浮かべて、次のように述べた。

「ランチタイムも超えて、記者の皆さんを長い間待たせて済まなかった。外交部が準備したサンドイッチは召し上がったか？　議論が重なって、こんな時間になってしまった。

朝鮮半島に関して、私が言いたいのは、一時的なムードに流されることなく、3つの基本的なコミットメント（関与）の遵守が大事だということだ。第1に朝鮮半島の非核化を目指す。第2に半島の平和と安定を維持する。第3に問題を対話と交渉によって解決する」

ケリー長官はその後、楊潔篪《ようけつち》外交担当国務委員との会談を経て、習近平主席と面会した。その際、習近平主席はカメラも入った冒頭の挨拶で、北朝鮮の核問題に関しては、サラリと一言述べただけだった。「イランの核、朝鮮の核、アフガニスタンなどの国際的な地域の問題に関して、中米両国は意見を交わしてきた」

この日、ケリー長官は、北朝鮮問題だけでなく、南シナ海の埋め立てについて、即刻中止を中国に求めた。これに対し中国側は、「内政問題だ」として、南シナ海の「域外国」であるアメリカが口を差し挟むこと自体に反発。再び平行線に終わった。

このときまでアメリカ軍は、2度にわたって、中国が埋め立てを進める南沙諸島の区域に軍隊を派遣する「航行の自由作戦」を展開してきた。1回目は、2015年10月27日に駆逐艦「ラッセン」が、南沙諸島スービ礁（渚碧礁）の12海里内を航行。2回目は、12月10日にB52爆撃機が、南沙諸島クアテロン礁（華陽礁）付近の上空を飛行した。

それでも中国は、表面上は余裕を見せていた。1月2日、年初に記者団の前に顔を見せた外交部の華春瑩《かしゅんえい》報道官は、「南沙諸島の永暑礁《えいしょ》（ファイアリー・クロス礁）に建設していた飛行場が完成し、現在試験飛行を始めたところだ」と涼しい顔で述べた。6日には、中国政府が借り切った中国南方航空の航空機2機が、早朝に海南省海口市の美蘭《びらん》空港を飛び立ち、約2時間の飛行を経て、10時21分と46分にそれぞれ永暑礁の新空港に着陸したと、新華社通信が伝えた。

14日には、中国で南シナ海一帯を管轄する海南省三沙《さんさ》市の馮文海《ふうぶんかい》副市長が、三沙市人民代表大会（市議会）で「市政府活動報告」を行った。それによれば、これまで南シナ海の埋め立て事業に参加した中国企業は119社（うち民営企業110社）で、計17億800万元の資本を投下したという。そして2015年に、永楽《えいらく》諸島（クレスセント諸島）や七連嶼《しちれんしょ》など4ヵ所に人民武装部を成立させ、永興島《えいこうとう》（ウッディ島）の第一期港湾工事や電力設備、永興学校、救急物資を保管する施設などを建設したと説明した。

米中激突

中国としては、この時点ではまだ、前年9月のオバマ・習近平会談で示された「暗黙の了解」の範囲内だったのだ。すなわちアメリカはアジアで体面を保つ手前、南沙諸島に軍艦を送る。一方、中国は引き続き、南沙諸島で「民間用施設」を建設するというものだ。

ところが1月30日、春節を間近に控えて旧正月モードの中南海に電撃が走った。ケリー国務長官から北京での報告を受けたオバマ大統領は、それまで軍が要求していた新たな

「航行の自由作戦」に許可を与えたのである。同日、イージス駆逐艦「ガーティス・ウィルバー」が西沙諸島中建島《ちゅうけんとう》（トリトン島）の12海里内を航行したと、米国防総省が発表した。

中国としては、南シナ海の中でも本土から最も遠い南沙諸島に関しては、ここ数年で勝手に埋め立て地を築いた手前、多少の負い目があった。だが海南島から約300kmしか離れていない西沙諸島に関しては、中国が「国内」にカウントする台湾を除けば、ベトナムが異議を申し立てているだけだった。しかも、西沙諸島の一部を占領していた南ベトナム軍を、1974年に中国軍が破って以降（西沙諸島海戦）、丸42年にわたって、西沙諸島全域を中国が実効支配している。習近平主席も、前年11月にわざわざベトナムを国賓として訪問したばかりだ。中国からすれば、アメリカ軍の西沙諸島への航行は、完全に想定外の出来事で、まるで中国大陸本土の領海に侵入されたような危機感を抱いたのだった。

習近平主席は2月1日に、人民解放軍の過去半世紀で最大規模の改編を予定していた。これまでの人民解放軍の機構は、旧ソ連の軍隊を模倣したものだった。中央軍事委員会の下に総参謀部、総政治部、総後勤部、総装備部という総4部が置かれ、その下に瀋陽軍区、北京軍区、蘭州軍区、済南軍区、南京軍区、広州軍区、成都軍区の7軍区と、海軍、空軍、第二砲兵部隊が置かれていた。

それを今後は、現在のアメリカとロシアの軍隊の長所を採り入れ、中国独自のシステムに変えようとしていた。中央軍事委員会の下に、7部3委5機構を置く。7部は弁公庁、

連合参謀部、政治工作部、後勤保障部、装備発展部、訓練管理部、国防動員部。3委員会は紀律検査委員会、政法委員会、科学技術委員会。5機構は戦略企画弁公室、改革編制弁公室、国際軍事提携弁公室、審計署、機関事務管理総局である。

さらにこの15部署の下に5軍種と5戦区を置く。5軍種は陸軍、海軍、空軍、ロケット軍、戦区支援部隊。5戦区は東部戦区、南部戦区、西部戦区、北部戦区、中部戦区である。

一言で言えば、個々の軍幹部たちの権限を弱めることで、すべての軍の権限が習近平中央軍事委主席に集中するようにし、「習近平の軍隊」を作り上げるのが狙いだった。習近平主席からすれば、そんな矢先にアメリカ軍が「宣戦布告」してきたかのように映ったのだ。そのため緊急指令を出し、地対空ミサイル「紅旗9号」を西沙諸島に配備させた。

韓国の寝返り

そのころ、南シナ海と並んで、朝鮮半島でも米中は「激突」した。2月7日午前、北朝鮮が「光明星4号」という名の長距離弾道ミサイルを発射するや、これを待っていたかのように同日午後、ソウルの米韓軍が合同で会見を開き、「THAAD《サード》（終末高高度防衛）ミサイル配備の交渉に入る」と発表した。6台の発射台に、48発のミサイルを搭載し、これらの費用はすべてアメリカ側が負担するという条件だった。

韓国の朴槿恵《パククネ》政権が、中国からアメリカに寝返った瞬間だった。この一報を聞いた安倍晋三首相は、「朴槿恵大統領はずいぶんと回り道をしたが、ようやくこちらへ戻ってきてくれた」と、喜々として語ったという。

10日に韓国統一部は、２０００年以来の「南北和解」の象徴だった開城《ケソン》工業団地の閉鎖を発表した。ここから北朝鮮に渡る年間約1億ドルの外貨が、核やミサイル開発に使われるというのが表向きの理由だった。実際にはそれに加えて、開城工業団地で働く韓国人が北朝鮮側の人質となる事態を恐れたのだった。ＴＨＡＡＤ導入と開城工業団地の閉鎖は、4月に総選挙を控えた朴槿恵政権が大きな賭けに出たことを示していた。韓国軍は３月７日から4月30日まで、史上最大規模の米韓合同軍事演習を予定していた。

この割を喰ったのが中国だった。2月７日以降、「薩徳《サードウ》」（ＴＨＡＡＤ）という文字が中国メディアに登場しない日はないほど、「薩徳」がいかに地域の情勢を不安定化させるかを報じた。「薩」という漢字はふだん、中国ではあまり用いられず、この漢字を見て中国人が想起するのは、悪名高かったイラクの大統領「薩達姆・侯賽因《サダム・フセイン》」である。新華社通信は、イヤミを込めてこの漢字を当てたものと思われた。

習近平主席は毎年2月2日の朴槿恵大統領の誕生日前には、ていねいに直筆で祝賀の手紙を書いてきたが、２０１６年は特に入念に書いた。また2月5日には「春節の祝辞」という名目で「青瓦台」に緊急電話を入れて、「『薩徳』を配備するといちばん危険が及ぶのは韓国だ」と言って、懸命に朴槿恵大統領を説得した。

だが朴大統領は、「THAADは中国に向けたものではなくて、北朝鮮にのみ向けたものだ」として、翻意することはなかった。これまで丸3年にわたって築き上げてきた「中韓蜜月」は、瓦解し始めていた。

2月12日、ミュンヘンで開かれた第4回シリア国際支援外相会議を終えた王毅外相は急遽、ロイター通信の取材を受け、次のようにアメリカを非難した。

「『薩徳』のX線レーダーがカバーするのは、朝鮮半島の防衛を大きく超えて、アジア大陸に深く入り込む範囲だ。中国の安全と国益を直接脅かすだけでなく、この地域の他国の安全と国益をも脅かす。中国には、二つの古い言い回しがある。それは、『項庄舞剣、意在沛公』『司馬昭之心、路人皆知』というものだ」

「項庄舞剣、意在沛公」とは、古代中国で最も有名な宴会「鴻門《こうもん》の宴」の故事である。秦の始皇帝亡き後の天下統一を目指す項羽《こうう》は、大軍を率いて咸陽《かんよう》の都を目指すが、弱小の劉《りゅう》邦《ほう》軍が先に都入りしてしまう。そこで劉邦を、「鴻門の宴」に呼びつけ、「剣の舞」を披露するが、これが劉邦の命を狙ったものであることは誰の目にも明らかだということだ。

「司馬昭之心、路人皆知」は、三国志で有名な魏《ぎ》の国で、曹《そう》家の帝位を簒奪《さんだつ》しようとしている部下の司馬昭《しばしょう》の邪心は、道行く人でも皆知っているという意味だ。

つまり王毅外相は、「アメリカは北朝鮮の脅威に対抗するという口実をつけて、中国包囲網を仕掛けている」と言いたいのだ。欧米人に向けて発するインタビューなのに、わざわざこんな中国の古い言い回しを二つも使ったのは、王毅外相の性格からいって、上司の習近平主席に向けた自己アピールもあったのだろう。

だが実際、王毅外相の主張は正しかった。防衛省関係者が語る。

「北朝鮮危機に乗じて、アメリカ軍はF22ステルス戦闘機を14機も東アジアに持ってきた。これは空母を建造中の大連軍港、北部艦隊本部がある青島軍港、そして南シナ海を偵察するためだ。空母『ジョン・C・ステニス』を東アジアに展開したのも同様だ。3月から4月に史上最大規模の米韓合同軍事演習を行ったのも、朝鮮半島危機への対処を名目にして、高まる中国軍の脅威に対抗していく意味合いが大きかった」

韓国への穏やかな恫喝

2月16日にソウルで行われた張業遂《ちょうぎょうすい》中国外交部常務副部長（副外相）と林聖男《イムソンナム》韓国外交部第一次官による第7回中韓外交戦略対話は大荒れとなった。張副部長は舌鋒鋭く述べた。

「朝鮮の最近の動向が韓国人を不安がらせている状況は理解できるし、同情に値する。だが韓国が『薩徳』を配備すれば、中国人の不安感もいまの韓国と同様になるのだ。

アメリカは中東でイランの核の脅威を強調し、それにかこつけてロシアを攻撃しやすい態勢を整えた。『薩徳』も同様で、アメリカは朝鮮の脅威にかこつけて中国包囲網を敷こうとしているのだ。アジアに、『もう一つのNATO』を構築しようとしているのだ。

韓国がそれに加担するなら、（ウクライナのような）もう一つの悲劇が生まれることになるだろう。なぜならもしも韓国が『薩徳』を受け入れるなら、人民解放軍は東北地区に強大な部隊を配置することになるからだ。そうなれば、韓国は中米両軍がぶつかる非常に敏感な地域と化す。韓国の独立などあったものではなく、大国のコマになってしまう。

中国と韓国は友好国であり、特にここ数年は、これまでにない蜜月関係を築いてきた。『薩徳』の導入は、ここ数年の両国の努力を、一夜にして覆すものだ」

米中「完全決裂」

このころ、アメリカはといえば、2月15日と16日に、カリフォルニア州のサニーランズで、ビッグイベントを行った。オバマ大統領がASEAN10ヵ国の首脳を招いて、アメリカで初となる米ASEAN首脳会議を開いたのである。

これは、2015年11月にクアラルンプールで開かれた東アジアサミットで、フィリピンやベトナムなどから、中国の脅威を何とかしてほしいとせっつかれたオバマ大統領が、南シナ海問題の解決のためではなく、ASEAN6億2000万人市場を経済的に取り込もうとして提唱したものだった。

2日間にわたる米ASEANサミットを終えて出された「共同声明」は、計17項目にもわたる詳細なものだったが、「中国」「南シナ海」の文字さえ入っていなかった。「今年の

ASEAN議長国のラオスが反対したから」と、親中派筆頭のライス安保担当大統領補佐官は、非公式に弁明した。だがASEANの親中国家といわれるラオスとカンボジアは、ASEAN10ヵ国中、最貧国グループであり、大した発言権は持っていない。つまり、事実上はアメリカ政府が自粛したものだった。

このサミットを終えて、43分間行われたオバマ大統領の記者会見も、南シナ海問題については、途中で間接的に触れただけだった。「アメリカは国際法の認める場所へは世界中どこでも航行するし、その権利をサポートする」――オバマ大統領はこう述べて、「南シナ海」と特定することすら避けたのだった。

こうしたオバマ大統領の態度に、歯ぎしりしているのがアメリカ軍だった。16日、FOXニュースが、「中国軍が2月に入って、南シナ海のパラセル(西沙)諸島にあるウッディー島(永興島)に、地対空ミサイル8基を配備した」と衛星写真つきで報道した。このミサイルは、前年9月3日に北京で行われた抗日戦争勝利70周年軍事パレードでお目見えした、射程200kmの「紅旗9号」だった。

軍かCIAによるリーク報道に違いなかった。防衛省は、統合幕僚本部創設10周年に合わせて、母親が日本人であるハリー・ハリス米太平洋軍司令官を訪日させることに成功したが、10周年当日の17日、ハリス司令官も東京で、怒りをあらわにした。

「習近平主席は昨年9月の訪米時、オバマ大統領に『南シナ海を軍事拠点にする意図はない』と述べた。だが今回、習主席は約束を守れないリーダーだということが証明された」

　これに呼応するようにケリー国務長官も、「中国が軍事化を進めていく証拠が頻繁に出てくるのは深刻な問題だ」とコメントした。

　一方、中国国防部の楊宇軍報道官は同日、「西沙諸島は中国固有の領土であり、自国の領土において防衛施設を用いるのは、正当かつ合法的な権利である」と主張した。隠せる間は隠したり否定したりするが、いざ隠せなくなると開き直るというのが、中国の常套手段だった。

西沙諸島・ウッディ島（永興島）の航空写真（写真　CFP／ゲッティ／共同）

　北京で年に一度の全国人民代表大会（国会）が開幕した3月5日には、南シナ海でアメリカの原子力空母「ジョン・C・ステニス」の艦隊が、多数の中国軍の駆逐艦に包囲されたと、中華圏のメディアが一斉に報じた。前述のように、北朝鮮を仮想敵国とした米韓合同軍事演習に参加するという名目で東アジアに派遣された空母の「本当の目的」は、南シナ海にあった。
　3月31日、核セキュリティサミットが開かれていたワシントンの国際会議場で、この2年で6回目となるオバマ大統領と習近平主席の米中首脳会談が開かれた。

習近平主席にしてみれば、半年前の雪辱を果たすべく、気合いを入れ直しての訪米だった。横長のテーブルを挟んで対面した両首脳は、まるで土俵上の力士のように睨み合った。そこには大国同士の意地とプライドがぶつかり合う、緊迫した雰囲気が漂っていた。

ホスト役のオバマ大統領が、まずは切り出した。

「私は以前、平和的に台頭し、安定し、繁栄した中国を歓迎すると述べたが、それは今回も同様だ」

すると習主席も、オバマ大統領を持ち上げて言った。

「総統先生（オバマ大統領への呼称）、中米両国はイランの核合意、パリ国連気候変動会議の歴史的合意、朝鮮への国連決議など、『新型の大国関係』構築に向けて協力し合う間柄だ」

だが両首脳の疑心暗鬼の表情は、かえって双方の冒頭発言を空疎なものにしていた。

この時、習近平主席は、北朝鮮の核ミサイル問題やサイバーテロ問題など、多くの問題でアメリカに擦り寄った。かつ両国の軍事交流を深めることで、南シナ海の埋め立てを黙認してもらい、THAAD配備を断念させようとした。だがオバマ大統領は、半年前と同様、南シナ海問題で習近平主席を面罵したあげく、どちらも冷たく拒絶した。

結局、米中首脳会談は、当初の1時間の予定を大きく超えて1時間40分に及んだ。そして南シナ海の埋め立てとTHAAD配備に関しては、両首脳の激しい非難の応酬を経て、「完全決裂」したのだった。

南シナ海に関しては同日、北京の国防部で楊宇軍報道官が再度、会見を開いて吠えた。

「中国海軍の自国の海域（南シナ海）での行動は合法的なものだ。遠路はるばるやって来たアメリカ艦艇には、『よく考えて行動しろ』とアドバイスしたい。今後、南シナ海に防空識別圏を設定するのは、主権国家に与えられた権利であり、いかなる外国勢力にも指図されない。アメリカこそ、フィリピンの軍事化を進め、南シナ海の軍事化を進めようとしている。こうした軍事同盟の強化は、過去の冷戦的思考であり、直ちに放棄すべきだ」

楊報道官の怒りの矛先は、日本にも及んだ。

「日本は、国内外で一貫して反対されてきた新たな安保法を（3月29日に）施行し、早くも台湾から100kmあまりしか離れていない与那国島に、150人もの自衛隊員を送り込もうとしている。日本は『航行の自由』を喧《かまびす》しく主張するが、東シナ海で軍備増強して『不自由な海』にしていることに対しては、どう説明するのか？」

THAADの韓国配備

習近平主席は、THAADの韓国配備に関して、もう一方の当事者である韓国の朴槿恵大統領との中韓首脳会談に、望みを託した。両首脳の会談は、7回目だった。

これまでの両首脳の会談の特徴は、非常に和気藹々《あいあい》として、何もかもトントン拍子に進むため、予定時間より早く終わることだった。何せ朴槿恵大統領は中国語の学習に熱心で、2015年9月には、西側諸国で唯一、習主席主催の軍事パレードに参加した「実績」もあった。

ところが、その軍事パレードの時以来の会談となったこのときに限っては、1時間の予定が20分もオーバーした。これは珍しく、両首脳の間で激論が交わされたからだった。

そもそも習主席は、オバマ大統領との非難合戦の興奮状態が冷めやらない中、朴大統領を1時間も待たせた席に現れた。それでもまるで兄が妹に説くように、朴槿恵大統領を説得にかかった。

「私の時代になってから、どの国よりも韓国を大事にしてきたではないか。だから、THAAD配備だけはやめてほしい。もし配備したら、最も危険が降り注ぐのは当の韓国なのだ」

だが、アメリカの軍事同盟国である韓国の大統領としては、「では配備をやめます」とは言えなかった。これだけ北朝鮮が暴れ出すと、中国との経済関係よりも、アメリカとの軍事同盟関係の方が優先されるのである。加えて北朝鮮に対して、中国が影響力を行使しない苛立ちもあった。ともあれ4月13日に、4年に1度の総選挙を控えた朴槿恵大統領としては、「北朝鮮に対する毅然とした態度」こそが、集票の要だった。

かくして、南シナ海問題とTHAAD配備問題が、どちらもアジアの深刻な問題であることが、より一層浮き彫りになった核セキュリティサミットだった。習近平主席としては、「それならば我が道を行くまでだ」と決意を新たにして帰国の途についたのだった。

4月10日、11日、被爆地の広島で、G7外相会合が開かれた。ケリー米国務長官は、「中国包囲網の牙城」である日本を完全に味方につけるため、アメリカの国務長官として初めて原爆ドームを訪れるというパフォーマンスを見せた。そして日米が主導して、中国への非難声明と言える「海洋安全保障に関するG7外相声明」を発表したのだった。

〈我々は、東シナ海及び南シナ海における状況を懸念するとともに、紛争の平和的管理及び解決の根本的な重要性を強調する。我々は、現状を変更し緊張を高め得るあらゆる威嚇的、威圧的又は挑発的な一方的行動に対し、強い反対を表明するとともに、すべての国に対し、大規模なものを含む埋立て、拠点構築及びその軍事目的での利用といった行動を自制し、航行及び上空飛行の自由の原則を含む国際法に従って行動するよう要求する〉

前年11月のAPECや東アジアサミットなどで、中国に対して及び腰だったアメリカが、ようやくアジアで起こりつつある「危機」に目覚めたかのようだった。

4月9日からは、カーター国防長官が2週間にわたる「中国包囲網の旅」に出た。最初の訪問国であるインドでは12日、モディ首相やパリカール国防相と、南シナ海やインド洋において、アメリカとインドが手を組んで中国軍の海洋進出を阻止する方策について議論した。カーター国防長官は、インドの要衝であるカルワル海軍基地も視察した。

続くフィリピンで15日、カーター国防長官はフィリピンのガズミン国防相を伴って、南シナ海に展開中の空母「ジョン・C・ステニス」に乗船。船上で力強く宣言した。

「フィリピンは重要なパートナーだ。アメリカはいまや、リバランス政策の今後長期にわたる新たなステージに入った。われわれはここ（南シナ海）に平和的、原則的、包括的なネットワークを築き、存在し続ける」

カーター国防長官は、アメリカ軍とフィリピン軍が3月以降、すでに2度にわたって南シナ海での哨戒活動を合同で行ったことも明らかにした。このときからアメリカ軍は、フィリピンのクラーク基地への駐留を開始した。アメリカ軍はクラーク基地から、1991年に撤退しており、25年ぶりのカムバックとなった。当時はフィリピン国民から非難を浴びて追い出されたが、このときは熱烈歓迎された。

これに対し、中国国防部は同日、HP上で次のように発表した。

〈最近、中央軍事委員会の范長竜《はんちょうりゅう》副主席（軍制服組トップ）は、関係する軍幹部たちを従えて、南沙諸島を視察。現場の軍人や官僚、建設作業者たちを慰問した。南沙諸島にはすでに5台の灯台が完成しており、うち4台は正式に稼働している〉

中国軍は、アメリカ軍への対抗意識を剝き出しにしたのだった。こうして、南シナ海を巡る米中の「波風」は、高まる一方である。

他方、韓国へのTHAAD配備に関しては、4月13日の韓国総選挙で、配備に反対する野党が圧勝したことで、混沌としてきた。

「静」と「動」の両面作戦

今後のアジア情勢は、米中の睨み合いによって、予断を許さない状況が続くだろう。中国は2017年秋に、5年に一度の第19回中国共産党大会を予定している。中国にとって共産党大会開催の年は、対外的に最も強硬になる年である。前回2012年の秋は、尖閣諸島問題を巡って日中が一触即発になったことは、まだ記憶に新しい。特に今度の共産党大会は、習近平主席が自らの専制体制を確立させようと勝負に出る大会であり、表面的には「微笑外交」を続けても、習近平政権が対外的に弱気になることは考えにくい。

加えて、このところの中国経済は悪化の一途を辿っている。中国経済は、社会主義市場経済という根本的な矛盾を抱えており、短期的にはこれ以上の大きな発展は望めない。

1992年に鄧小平が定めた社会主義市場経済は、政治は社会主義で経済は資本主義的な市場経済という特異な社会システムだった。当時は中国経済が小規模だったため、むしろ国家資本主義的システムがエンジンとなり、20年余りにわたる高度経済成長へと導いた。

ところがいまや中国は、世界第2の経済大国となり、政治的な社会主義と市場経済との矛盾は、抜き差しならないところまで来ている。この先も持続的な経済成長を望むのであれば、社会主義的なものを引っこめていくしかない。特に、基幹産業を独占している

1100社余りの国有企業を早期に民営化していくことが必須である。

ところが、2015年8月に習近平政権が定めた国有企業改革方針は、国有企業の淘汰と党中央の指導強化が2本柱だった。同業種間の国有企業を吸収合併させ、強大な国有企業を作る。そしてその強大な国有企業を党中央、すなわち習近平主席が一手に掌握するというのが、習近平式の国有企業改革なのである。つまり習近平主席は、自己の政治権力の拡大を、経済発展よりも優先させたわけだ。習主席は、2013年3月にプーチン大統領から教え込まれた「国家利権独占の極意」を実践しようとしているのである。

この方式を進めていくと、その後のロシア経済が悪化の一途を辿ったように、中国経済もロシアと似た道を歩むだろう。習近平主席が唱える「一帯一路」は、中国資本の「国外逃亡」を助長するシステムとなり、むしろ中国経済の悪化に拍車をかけることになる。実際、世界的な話題を呼んだ「パナマ文書」は、習近平ファミリーを始めとする中国の「紅い貴族」たちのすさまじい資本流出の一端を明らかにした。

生産過剰、債務増大、地方破綻、消費沈滞、株価暴落、環境汚染、輸出低迷、賃金高騰……少なくとも2017年秋の共産党大会までに、中国経済が好転する要素はほとんどなく、悲観的に見ざるを得ない。

そうした中で、習近平政権はこの先、どんな外交戦略を遂行していくのか。結論から言えば、私は「静」を目指す戦略と「動」を目指す戦略の両面作戦に出ると見ている。

まず「静」とは、国内経済の悪化に伴い、いま以上の「微笑外交」を展開するということだ。それは日本に関して言えば、中国市場への投資条件を緩和して日本企業を誘致したり、日中首脳会談や高位級会談、戦略対話などを絶やさないということだ。

その一方で、「動」の戦略も、並行して進めていく。その代表例は、南シナ海の埋め立てを加速させ、「海の万里の長城」計画を東シナ海にも拡大させていくことだ。国内経済が悪化すると、国民の不満がたまるので、「プーチンのロシア」がクリミア半島を占領したように、「習近平の中国」も、対外的なポイント獲得が必要になってくるのである。

こうした中国の状況に、国際情勢が加わる。まずアジア地域最大の外部要因であるアメリカの動向に関しては、仮に民主党のヒラリー・クリントン候補が11月の大統領選で勝利したとする。彼女は、第一次オバマ政権で国務長官を務めたが、平和穏健路線のオバマ大統領と齟齬《そご》があったことに鑑みれば、クリントン新政権発足直後は、中国に対して比較的強硬に出ることが予測できる。これは、オバマ政権を唯一の例外とする１９７９年の米中国交樹立以後の米政権に共通した特徴でもある。

そうなると、第19回中国共産党大会を前に、東アジアで米中が局地的に激突する可能性も否定できない。特に南シナ海が危険である。

他にも、東アジア地域の伝統的な「二つの火薬庫」も、ますます「水位」が上がっている。それは朝鮮半島と台湾海峡だ。

恫喝外交を続ける北朝鮮の金正恩政権は、5月に第7回朝鮮労働党大会を開き、自らの体制を固めようとしている。台湾でも5月20日に、中国と距離を置く民進党の蔡英文政権が始動した。どちらも十分に波乱要素を抱えている。

アジアを俯瞰《ふかん》すると、「第一列島線」を巡る米中の角逐が、21世紀前半を通したアジア最大の「主題《テーマ》」である。習近平という指導者は、そうした時代の要請が中国に輩出したモンスターと考えることもできるのである。

N.D.C.319 315p 18cm
ISBN978-4-06-288371-9

講談社現代新書　2369

パックス・チャイナ　中《ちゅう》華《か》帝《てい》国《こく》の野《や》望《ぼう》

二〇一六年五月二〇日第一刷発行

著　者　近藤大介《こんどうだいすけ》

発行者　鈴木 哲

発行所　株式会社講談社

東京都文京区音羽二丁目一二―二一　郵便番号一一二―八〇〇一

電　話　〇三―五三九五―三五二一　編集（現代新書）

〇三―五三九五―四四一五　販売

〇三―五三九五―三六一五　業務

装幀者　中島英樹

印刷所　慶昌堂印刷株式会社

製本所　株式会社大進堂

定価はカバーに表示してあります　Printed in Japan

「講談社現代新書」の刊行にあたって

教養は万人が身をもって養い創造すべきものであって、一部の専門家の占有物として、ただ一方的に人々の手もとに配布され伝達されうるものではありません。

しかし、不幸にしてわが国の現状では、教養の重要な養いとなるべき書物は、ほとんど講壇からの天下りや単なる解説に終始し、知識技術を真剣に希求する青少年・学生・一般民衆の根本的な疑問や興味は、けっして十分に答えられ、解きほぐされ、手引きされることがありません。万人の内奥から発した真正の教養への芽ばえが、こうして放置され、むなしく滅びさる運命にゆだねられているのです。

このことは、中・高校だけで教育をおわる人々の成長をはばんでいるだけでなく、大学に進んだり、インテリと目されたりする人々の精神力の健康さえもむしばみ、わが国の文化の実質をまことに脆弱なものにしています。単なる博識以上の根強い思索力・判断力、および確かな技術にささえられた教養を必要とする日本の将来にとって、これは真剣に憂慮されなければならない事態であるといわなければなりません。

わたしたちの「講談社現代新書」は、この事態の克服を意図して計画されたものです。これによってわたしたちは、講壇からの天下りでもなく、単なる解説書でもない、もっぱら万人の魂に生ずる初発的かつ根本的な問題をとらえ、掘り起こし、手引きし、しかも最新の知識への展望を万人に確立させる書物を、新しく世の中に送り出したいと念願しています。

わたしたちは、創業以来民衆を対象とする啓蒙の仕事に専心してきた講談社にとって、これこそもっともふさわしい課題であり、伝統ある出版社としての義務でもあると考えているのです。

一九六四年四月　野間省一

政治・社会

世界史Ⅰ

834 ユダヤ人——上田和夫
934 大英帝国——長島伸一
968 ローマはなぜ滅んだか 弓削達
1017 ハプスブルク家——江村洋
1080 ユダヤ人とドイツ——大澤武男
1088 ヨーロッパ「近代」の終焉——山本雅男
1097 オスマン帝国——鈴木董
1151 ハプスブルク家の女たち 江村洋
1249 ヒトラーとユダヤ人 大澤武男
1252 ロスチャイルド家 横山三四郎
1282 戦うハプスブルク家 菊池良生
1283 イギリス王室物語——小林章夫

1306 モンゴル帝国の興亡〈上〉——杉山正明
1307 モンゴル帝国の興亡〈下〉——杉山正明
1321 聖書vs.世界史——岡崎勝世
1366 新書アフリカ史——宮本正興 松田素二 編
1442 メディチ家——森田義之
1470 中世シチリア王国——高山博
1486 エリザベスI世——青木道彦
1572 ユダヤ人とローマ帝国 大澤武男
1587 傭兵の二千年史——菊池良生
1588 現代アラブの社会思想 池内恵
1664 新書ヨーロッパ史 中世篇 堀越孝一 編
1673 神聖ローマ帝国——菊池良生
1687 世界史とヨーロッパ 岡崎勝世

1705 魔女とカルトのドイツ史——浜本隆志
1712 宗教改革の真実——永田諒一
1820 スペイン巡礼史——関哲行
2005 カペー朝——佐藤賢一
2070 イギリス近代史講義——川北稔
2096 モーツァルトを「造った」男——小宮正安
2189 世界史の中のパレスチナ問題 臼杵陽
2281 ヴァロワ朝——佐藤賢一

H